AX/DX 씽킹

AX/DX 씽킹

발 행 일 2025년 5월 1일 초판 1쇄 발행
지 은 이 임성욱, 백창화, 임선미, 윤성필, 손은일
발 행 인 김병석
편   집 노지호, 최은하, 이어령, 고서희
발 행 처 (주)미디어스트리트
출 판 등 록 2004년 12월 24일(제2004-350호)
주   소 서울시 강남구 선릉로 513, 10층(역삼동)
전   화 02-6249-6077
팩   스 02-6249-6106
홈 페 이 지 www.mediastreet.co.kr

ISBN 979-11-6010-079-2 03320
정가 17,000원

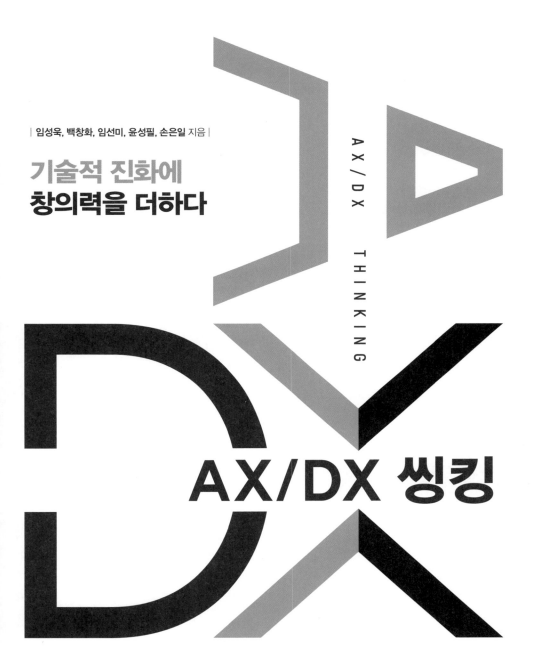

| 임성욱, 백창화, 임선미, 윤성필, 손은일 지음 |

기술적 진화에
창의력을 더하다

AX / DX

THINKING

AX/DX 씽킹

MEDIA STREET

목차

서론

AX/DX 시대의 도래와 변화의 흐름

오늘날 우리는 기술 혁명의 중심에 서 있다. 4차 산업혁명의 가속화와 함께 디지털 전환Digital Transformation, DX과 인공지능 전환Artificial Intelligence Transformation, AX이 동시에 진행되면서, 개인과 조직의 사고방식 또한 근본적으로 변화하고 있다. 과거에는 기업이 경쟁력을 유지하기 위해 단순히 새로운 기술을 도입하는 것이 중요했다. 하지만 이제는 기술을 효과적으로 활용하는 방식, 즉 사고방식의 변화와 문제 해결 접근법이 더욱 중요해지고 있다. 기술이 가져온 변화는 단순히 업무의 효율성을 향상시키는 것을 넘어 의사결정 방식, 조직 운영, 그리고 개인의 사고방식까지 혁신적으로 변화시키는 방향으로 나아가고 있다.

이러한 변화 속에서, 우리는 기존의 방식으로는 더 이상 효과적인 문제 해결을 기대할 수 없다는 점을 인식해야 한다. 변화하는 환경에서 생존하고 발전하기 위해서는 기존의 사고방식을 재구성하고, 새로운 접근법을 수용하는 능력이 필수적이다. 즉, 기술의 발전을 단순히 수용하는 것을 넘어서, 이를 적극적으로 활용하고 혁신적인 방식으로 문제를 해결하는 사고 전환이 필요하다.

▌왜 사고 전환이 필요한가

기술이 발전하면서 기업과 조직이 마주하는 문제들은 점점 더 복잡하고 다층적으로 변화하고 있다. 우리는 과거보다 훨씬 더 많은 데이터를 활용할 수 있으며, AI와 같은 첨단 기술을 통해 문제를 해결할 수 있는 가능성이 높아졌다.

하지만 단순히 기술을 도입하는 것만으로는 근본적인 문제를 해결할 수 없다. 오늘날 기업과 조직이 마주하고 있는 도전과제는 다음과 같다.

- **끊임없이 변화하는 시장 환경**
  : 소비자의 요구와 트렌드는 빠르게 변하고 있으며, 기업은 이에 유연하게
    대응해야 한다.
- **데이터 기반 의사결정의 중요성 증가**
  : 경험과 직관이 아니라, 객관적인 데이터를 기반으로 의사결정을 내리는
    능력이 필수적이다.
- **점점 더 복잡해지는 문제와 해결 방안**
  : 단순한 해결책이 아닌, 시스템적인 접근과 창의적인 사고가 필요하다.
- **AI 및 디지털 기술과의 협업**
  : 인간의 역할이 변화하며 인간과 AI가 협력하는 새로운 방식이 요구된다.

이러한 문제를 효과적으로 해결하기 위해서는 기존의 사고방식에

서 벗어나 새로운 문제 해결 접근법을 도입하는 것이 필수적이다. 단순한 기술 습득을 넘어서, 기술을 활용한 창의적 문제 해결 능력을 갖춰야 한다.

▌ AX/DX 시대의 새로운 사고방식

기술의 발전은 기존의 사고방식을 재정립하도록 요구하고 있다. 변화하는 환경에 적응하고, 효과적인 문제 해결을 위해 필요한 핵심적인 사고방식은 다음과 같다.

- **데이터 기반 사고** Data-Driven Thinking
: 객관적인 데이터를 활용하여 의사결정을 내리는 능력
- **시스템 사고** System Thinking
: 문제를 개별적으로 접근하는 것이 아니라, 시스템 전체를 고려하는
  사고방식
- **창의적 사고** Creative Thinking
: AI가 할 수 없는 인간만의 창의성과 혁신적 문제 해결 능력
- **적응적 사고** Adaptive Thinking
: 빠르게 변화하는 환경에 유연하게 대응하는 능력

이 책에서는 이러한 사고방식이 AX/DX 시대에 어떤 의미를 가지며, 이를 통해 우리가 어떻게 변화할 수 있는지를 탐구할 것이다.

▎문제 해결을 위한 새로운 접근법 : 기술과 인간의 융합

　AX/DX 시대의 문제 해결 방식은 단순한 기술의 도입이 아니라, 기술과 인간의 사고방식이 융합된 새로운 접근법이 되어야 한다.

　이 책에서는 DX-Six Sigma와 Design Thinking, TRIZ를 활용하여 문제를 해결하는 방법을 다룬다. DX-Six Sigma는 데이터를 기반으로 문제를 해결하는 체계적인 방법론으로 정량적 접근을 강조하고, Design Thinking은 인간 중심적 접근을 통해 창의적인 문제 해결을 가능하게 하며 정성적 접근을 강조한다. 마지막 TRIZ는 변증론법을 활용한 모순적 접근을 해결하기 위한 접근법을 강조한다.

　이상의 방법론을 효과적으로 결합하면 데이터 기반의 정확성과 인간 중심의 창의성이 조화를 이루는 모순적 문제 해결 모델을 만들 수 있다. 이를 통해 기업과 개인이 변화하는 환경에 적응하고 이상적이며 지속적인 혁신을 만들어 갈 수 있도록 도울 것이다.

▎DX Thinking의 활용법과 기대 효과

　기술은 빠르게 발전하고 있다. 이제 중요한 것은 그 속도에 맞춰 우리의 사고방식을 어떻게 변화시키느냐이다.

　AX/DX 시대를 주도하는 사고방식을 익히고, 새로운 문제 해결 방법을 습득한다면 우리는 변화하는 환경 속에서도 지속가능한 성장을 이루어낼 수 있을 것이다. 이제 더 이상 "과거의 방식"은 효과적으로 작동하지 않는다. 문제를 바라보는 방식부터 해결하는 과정까지 완전히 새로운 접근이 필요하다. 이 책을 통해 우리는 기술 발전이 단순한 자동화가 아니라, 사고방식의 근본적인 변화를 이끄는 과정임을 이해하게 될 것이다. 더 나아가 이를 효과적으로 활용하여 기업과 개인이 성장하고 혁신하는 방법을 학습할 수 있을 것이다.

이 책에서는 AX/DX 시대의 사고 전환과 문제 해결 방법을 통해 기술과 인간이 함께 성장하는 방향을 모색하고자 한다. 기존의 사고방식을 뛰어넘어 데이터 기반, 시스템적, 창의적, 그리고 적응적인 사고방식을 익힘으로써, 우리는 더 나은 문제 해결 능력을 갖출 수 있을 것이다. 이제 우리는 변화하는 시대에 어떻게 대응할 것인지, 어떤 사고방식을 가져야 하는지, 그리고 새로운 문제 해결 방식을 어떻게 적용할 것인지에 대해 고민해야 한다.

이 책이 여러분에게 AX/DX 시대의 새로운 패러다임을 이해하고, 효과적인 문제 해결 방법을 습득하는 계기가 되길 바란다.

SESSION. 1

AX/DX Thinking for
Next Generation

디지털 전환 시대를 맞아 조직과 개인에게 요구되는 역량이 근본적으로 변화하고 있다. World Economic Forum의 Future of Jobs Report 2024 업데이트는 2025년까지 전체 직무 역량의 40% 이상이 재정의될 것으로 전망하며, 특히 AI와의 협업 능력을 미래의 핵심 역량으로 지목했다.

디지털 시대의 문제 해결 방식도 크게 변화했다. Gartner의 최신 분석은 메타인지 기반의 문제 해결 능력이 조직의 성과를 향상시킨다는 점을 보여준다. 특히 AI와 빅데이터를 활용한 의사결정 과정에서 이러한 메타인지 능력은 성과를 60% 이상 향상시키는 것으로 나타났다.

주목할 점은 디지털 시대에도 사회적 역량의 중요성이 오히려 커지고 있다는 것이다. 디지털 환경에서의 공감 능력, 글로벌 이해관계자와의 가상 협업 능력, 문화적 감수성이 조직의 성공을 좌우하는 핵심 요소로 부상했다.

제1장
AX/DX에 의한 변화

1.

AX/DX의
새로운 정의

디지털 기술이 급속히 발전하면서 조직의 디지털 전환_{Digital Transformation}은 이제 선택이 아닌 필수가 되었다. 특히 2025년 현재 시점에서 AX_{Artificial Intelligence Transformation}/DX_{Digital Transformation}의 개념은 계속해서 진화하고 있으며, 이는 단순한 기술 도입을 넘어 조직의 근본적인 변화를 요구하고 있다.

McKinsey의 최근 연구에 따르면, 디지털 전환을 추진하는 기업들 중 실제 성공률은 약 30%에 그치고 있다. 이는 기술 도입만으로는 디지털 전환의 성공을 보장할 수 없다는 사실을 보여준다.

성공적인 디지털 전환의 핵심은 '인적 요소', 특히 구성원들의 '사고방식 혁신'에 있다. Harvard Business Review의 연구는 AI가 데이터 처리와 패턴 인식에서 뛰어난 성능을 보이고 있지만, 복잡한 상황에서의 통찰력 도출, 창의적 문제 해결, 윤리적 판단, 공감능력 등은 여전히 인간의 고유 영역임을 강조한다.

2024년 1분기 기준, 주요 산업별 디지털 전환 현황을 살펴보면, 제조업 분야에서는 스마트 팩토리 도입률 약 45%로 생산 프로세스의 디지털화가 빠르게 추진되고 있으며, 금융 산업에서는 AI 기반 서비스 활용률 65% 정도를 통해 고객경험의 혁신을 이뤄내고 있다. 유통 산업은 옴니채널 구축률이 대략 55%로 고객경험의 통합에 주력하고 있으며, 의료 산업에서는 AI 진단과 맞춤형 치료를 통해 의료 서비스의 새로운 패러다임을 구축해 나가고 있다.

IDC가 실시한 조사에 따르면, 2024년까지 전 세계 기업들의 디지털 전환 투자 규모는 2.8조 달러에 달할 것으로 예측한다. 그러나 이러한 투자와 변화의 양상은 산업별로 상이한 성숙도와 도전과제를 보여주고 있다. 산업별 디지털 전환의 현재 상황을 분석해 보면, 제조업의 경우, 스마트 팩토리 구현 과정에서 방대한 데이터의 저장과 분석이 핵심 과제로 대두되고 있다. 특히 AI를 활용한 분석과 예측을 위해서는 데이터 표준화 작업이 선행되어야 하며, 기존의 레거시 시스템과의 통합 문제와 함께 인재 재교육이 시급한 과제로 부상하고 있다.

앞선 데이터에서 보듯이 각 산업 분야에서 나타나는 디지털 전환의 양상은 새로운 사고방식의 필요성을 더욱 분명하게 보여준다. 제조업 분야에서는 데이터 기반 사고의 진화가 두드러진다. 스마트 팩토리를 통한 생산 프로세스의 디지털화가 가속화되면서, 기업들은 방대한 데이터를 수집하고 분석하여 생산성과 품질을 동시에 향상시키고 있다. 예측 정비, 품질 관리, 공정 최적화 등의 영역에서 데이터 기반 의사결정의 중요성이 더욱 커지고 있다.

금융 산업에서는 시스템 사고의 확장이 눈에 띈다. AI 기반 금융 서비스를 통해 고객경험을 혁신하는 과정에서, 금융기관들은 고객의 금융, 거래, 행동 데이터를 통합적으로 분석하고 있다. 이를 통해 리스크 관리와 개인화 서비스를 균형 있게 발전시키는 한편, 전체 금융 시스템의 안정성과 효율성을 동시에 추구하고 있다.

유통 산업에서는 적응적 사고의 중요성이 더욱 부각되고 있다. 옴니채널 전략을 통한 고객경험의 통합이 가속화되면서, 기업들은 실시간 데이터를 활용한 재고관리와 물류 최적화에 주력하고 있다. 급변하는 소비자의 니즈에 유연하게 대응하기 위해서는 기존의 경직된 사고방식에서 벗어나 환경 변화에 신속하게 적응할 수 있는 능력이 필수적이다.

의료 산업에서는 창의적 사고의 응용이 새로운 가능성을 열고 있다. AI 진단 시스템과 맞춤형 치료법 개발이 활발히 이루어지는 가운데, 의료 데이터의 윤리적 활용과 환자 중심 서비스 혁신이 중요한 과제로 대두되고 있다. 이는 기술적 혁신과 함께 의료 서비스의 본질적 가치를 재정의하는 창의적 사고가 필요함을 보여준다.

앞서 설명한 산업별 변화 양상을 더욱 구체적으로 살펴보면, Stanford University의 AI Index Report는 AI가 각 산업에 미치는 영향이

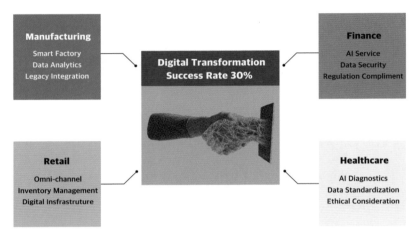

Digital Transformation Inderstry Landscape 2025

Manufacturing
Smart Factory
Data Analytics
Legacy Integration

Digital Transformation Success Rate 30%

Finance
AI Service
Data Security
Regulation Compliment

Retail
Omni-channel
Inventory Management
Digital Insfrastruture

Healthcare
AI Diagnostics
Data Standardization
Ethical Consideration

그림 **임현석**

더욱 깊어지고 있음을 보여준다. 금융서비스 분야에서는 AI 모델이 의사결정의 약 65%에 관여하면서 리스크 관리 정확도가 크게 향상되었다. 이는 앞서 언급한 시스템적 사고의 중요성을 더욱 강조하는 결과라 할 수 있다.

제조업 분야의 성과도 주목할 만하다. 스마트 팩토리 구현을 통해 생산성이 약 45% 향상되었으며, 품질 관리 정확도는 90%에 이르는 성과를 거두었다. 이는 데이터 기반 사고가 실제 현장에서 어떤 변화를 이끌어낼 수 있는지를 명확히 보여주는 사례다. 의료 산업에서도 AI를 통한 진단 정확도가 95%에 달하고, 맞춤형 치료 효과가 대폭 개선되면서 창의적 사고와 기술의 결합이 가져올 수 있는 혁신의 가능성을 입증하고 있다.

특히 주목할 점은 '생성형 AI'의 등장이 이러한 변화를 더욱 가속화하고 있다는 것이다. MIT Sloan Management Review의 연구는 생성형 AI가 기존 AI 기술과는 차별화된 방식으로 기업 혁신을 이끌고 있음을 지적한다. World Economic Forum은 향후 수년 내에 대다수의 기업들이 생성형 AI를 도입할 것으로 전망하며, 이는 기업 운영과 비즈니스 모델에 근본적인 변화를 가져올 것으로 예측된다.

하지만 이러한 급속한 변화는 새로운 도전과제들을 수반한다. MIT CISR의 연구가 지적하듯이, AI 도입 속도와 조직 적응력의 불일치, 데이터 거버넌스 체계의 미비, AI 윤리 프레임워크의 부재 등은 시급히 해결해야 할 과제들이다. 이는 기술 혁신과 함께 조직의 준비태세와 체계적인 변화 관리가 동반되어야 함을 시사한다.

이러한 맥락에서 마이크로소프트 사례는 주목할 만하다. Deloitte의 'Tech Trends 2024' 보고서에 따르면, 마이크로소프트는 "Cloud First, Mobile First" 전략에서 "AI First" 전략으로의 전환을 성공적으로 이뤄냈다. 특히 Copilot 시리즈를 통한 전사적 AI 통합은 직원 생산성과 만족도를 크게 향상시키는 성과를 거두었다.

이상의 연구 결과들은 디지털 전환이 단순한 기술 도입을 넘어서는 총체적 혁신 과정임을 분명히 보여준다. 앞으로의 성공적인 디지털 전환을 위해서는 기술 도입과 조직 변화의 균형 잡힌 추진, 견고한 데이터 거버넌스 체계 구축, 그리고 AI 윤리 프레임워크 수립이 필수적이다. 이는 곧 새로운 시대가 요구하는 조직 역량의 총체적 혁신을 의미하며, 이를 위한 체계적인 준비와 실행이 그 어느 때보다 중요해지고 있다.

2.

AX/DX의
정의

앞서 살펴본 디지털 전환의 변화 양상을 더욱 깊이 이해하기 위해, DX와 AX의 개념을 구체적으로 살펴볼 필요가 있다.

MIT Sloan의 2024년 디지털 비즈니스 연구는 DX를 단순한 기술 도입이나 프로세스 자동화를 넘어서는 개념으로 정의한다. 이는 조직의 DNA를 디지털 중심으로 재구성하는 총체적 변화를 의미한다.

특히 Gartner의 2024년 전략 기술 트렌드 보고서는 DX가 세 단계의 발전 과정을 거치면서 더욱 고도화되고 있음을 보여준다. 첫 단계인 디지털화_{Digitization}는 아날로그 정보와 프로세스를 디지털로 전환하는 기초 단계로, 문서의 전자화와 기본적인 업무 자동화를 통해 운영 효율성을 향상시키는데 중점을 둔다. 두 번째 단계인 디지털라이제이션_{Digitalization}에서는 디지털 기술을 활용하여 업무 프로세스를 최적화하고 개선한다. Forrester의 최신 연구에 따르면, 이 단계에서는 데이터 기반 의사결정이 본격화되며, 고객 접점의 디지털화를 통해 운영

AX/DX Thinking for Next Generation

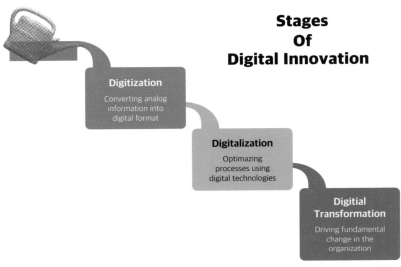

Stages
Of
Digital Innovation

Digitization
Converting analog information into digital format

Digitalization
Optimazing processes using digital technologies

Digitial Transformation
Driving fundamental change in the organization

그림 **임현석**

효과성이 평균 35% 향상되는 것으로 나타났다. 세 번째 단계인 디지털 전환Digital Transformation은 조직의 가장 근본적인 변화를 수반한다.

IDC의 2024년 전망에 따르면, 이 단계에서는 데이터와 AI가 핵심 경쟁력이 되어 비즈니스 모델 자체를 혁신하게 된다. 특히 다음과 같은 특징들이 두드러진다. 하이퍼 오토메이션을 통한 의사결정 체계의 고도화, 초개인화된 고객경험 제공, 조직문화의 디지털 네이티브화, 그리고 지속가능성과 디지털 전환의 융합이 주요 특징으로 나타난다.

McKinsey의 최신 분석에 따르면, 생성형 AI의 등장으로 기업의 지능화 수준이 획기적으로 향상되고 있다. 데이터와 AI를 활용한 의사결정이 기존의 예측적 분석을 넘어 전략적 의사결정과 창의적 문제 해결까지 가능해지면서, 기업의 의사결정 정확도가 평균 65% 향상된 것으로 나타났다. 고객 중심성은 초개인화Hyper-personalization로 진화하고 있다. 2024년 고객경험 보고서는 AI와 실시간 데이터 분석을 통해 개별 고객의 맥락을 이해하고, 선제적으로 대응하는 '예측적 개인화' 단계로 발전하고 있음을 보여준다. 이를 통해 고객만족도는 평균 40% 이상 향상되었다.

Forbes의 디지털 혁신 연구에 따르면, 기업의 민첩성은 이제 '초민첩성Hyper-agility'으로 진화하고 있다. 클라우드 네이티브 아키텍처와 마이크로서비스의 결합으로, 기업들은 시장 변화에 수 시간 내로 대응할 수 있는 능력을 갖추게 되었다. 실제로 선도 기업들의 신규 서비스 출시 주기는 평균 75% 단축된 것으로 나타났다.

MIT Technology Review는 기업의 확장성이 물리적, 지역적 한계를 넘어 메타버스와 Web 3.0 환경으로까지 확대되고 있다고 분석한다. 디지털 트윈과 가상 협업 플랫폼의 발전으로 전 세계 어디서나 실시간 비즈니스 운영이 가능해졌으며, 이는 글로벌 시장 진출의 새로운 패러다임을 제시하고 있다.

이와 더불어 큰 발전으로 조직과 산업에 큰 영향을 주고 있는 AXArtificial Intelligence Transformation는 "조직과 개인이 AI 기술과 상호작용하면서 얻는 총체적 경험과 이를 통한 가치 창출 과정"을 의미한다. 최근의 AX 개념은 단순한 기술 도입이나 상호작용을 넘어, AI 시스템과 인간의 협업적 가치 창출 전반을 포괄하는 것으로 발전하고 있다.

Forbes의 2024년 AI 트렌드 분석에 따르면, 특히 LLM에서 SLM으로의 전환과 함께 AI Agent의 도입이 전면화되면서 인간중심성이 더욱 강화되고, 맥락 기반의 지능형 상호작용이 고도화되고 있다.

AX의 성공적인 구현을 위해서는 다섯 가지 핵심 구성요소가 필수적이다. AI 리터러시를 통한 기술의 본질과 한계 이해, 데이터 기반 의사결정 체계 구축, 인간과 AI의 효과적인 협업 구현, AI 활용에 있어서의 윤리적 고려사항 반영, 그리고 지속적인 학습과 적응 능력이 이에 해당한다. 특히 MIT AI Lab의 연구는 이러한 요소들이 서로 유기적으로 연결되어 시너지를 창출할 때 AX의 효과가 극대화됨을 보여준다.

AX와 DX의 통합적 접근은 2025년을 향한 핵심 전략으로 부상하고 있다. IDC의 최신 보고서는 생성형 AI의 비즈니스 통합, 초개인화된 고객경험 구현, 지속가능한 디지털 혁신을 주요 트렌드로 지목하고 있다. 이러한 통합적 접근의 성공을 위해서 네 가지 핵심 원칙을 강조하고 있다. 첫째, AI를 디지털 전환의 전략적 핵심 요소로 포지셔닝해야 한다. BCG의 연구에 따르면, AI를 전략적 동인으로 활용한 기업들은 평균 45% 높은 혁신 성과를 달성했다. 둘째, 데이터 전략의 통합이 필수적이다. 셋째, 인적 역량 개발은 통합적 관점에서 접근해야 한다. World Economic Forum의 분석은 디지털 리터러시와 AI 역량을 통합적으로 개발한 기업의 생산성이 평균 35% 향상됨을 보여준다. 넷째, 조직문화의 변화는 전사적 차원에서 일관되게 추진되어야 한다. MIT Sloan의 연구는 데이터 기반 의사결정 문화와 AI 협업 문화가 성공적으로 정착된 기업의 혁신 속도가 2배 이상 빠르다는 점을 강조한다.

성공적인 통합을 위해서는 명확한 거버넌스 체계가 필요하다. 이는 데이터 관리, AI 윤리, 위험 관리, 변화 관리를 포괄하는 통합된 프레임워크여야 한다. 또한 경영진의 강력한 리더십과 실행 조직의 유기적인 협력이 뒷받침되어야 한다. DX와 AX는 서로 밀접하게 연관되어 있으며, 현대 조직의 혁신과 성장을 위한 필수 요소로 자리 잡고 있다. 다음 절에서는 이러한 변화가 요구하는 새로운 사고방식에 대해 살펴보겠다.

CES 2025에서 공개된 AI 에이전트는 사람과의 자연스러운 소통을 통해 의사결정을 지원하고 실행을 돕는 AI 서비스로 새롭게 정의되었다. 주요 기업들의 AI 에이전트 개발 현황을 살펴보면, 각각의 특징적인 발전 방향을 확인할 수 있다.

구글은 프로젝트 아스트라Project Astra를 통해 AI가 주변 세계를 인식하고 이해하는 차세대 AI 시스템을 개발 중이다. 이 시스템은 사용자의 질문에 맥락을 반영한 답변을 제공할 수 있는 스마트폰 앱부터, 사용자를 대신해 다양한 작업을 수행하는 AI 비서까지 포괄적인 기능

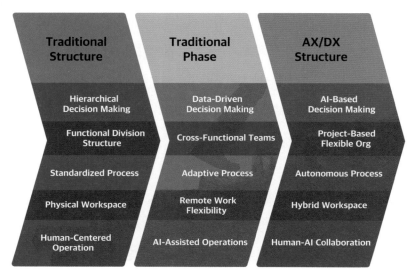

Traditional Structure	Traditional Phase	AX/DX Structure
Hierarchical Decision Making	Data-Driven Decision Making	AI-Based Decision Making
Functional Division Structure	Cross-Functional Teams	Project-Based Flexible Org
Standardized Process	Adaptive Process	Autonomous Process
Physical Workspace	Remote Work Flexibility	Hybrid Workspace
Human-Centered Operation	AI-Assisted Operations	Human-AI Collaboration

그림 **임현석**

을 목표로 하며 2025년 출시를 계획하고 있다.

삼성전자는 AI 컴패니언 로봇 '볼리_{Ballie}'의 상용화를 공식화했다. 공 모양의 이동형 AI 로봇인 볼리는 IoT 기기 제어, 반려동물 케어, 아이 돌봄 등 일상생활 전반을 관리하는 기능을 제공하며 2025년 상반기 출시를 목표로 하고 있다.

삼성 SDS는 기업용 생성형 AI 서비스인 FabriX, Brity Copilot, Brity Automation을 통해 업무 프로세스 전체의 자동화를 추구하고 있다. 특히 단순한 업무 보조를 넘어 전체 프로세스를 자동화하는 AI Agent 단계로 발전시킨 서비스를 2025년 CES에서 공개했다.

엔비디아는 메타의 '라마' 기술을 기반으로 한 네모트론_{NVIDIA Open Llama}

Nemotron을 개발했다. 4B, 49B, 215B 등 다양한 매개변수 모델을 제공하며 지시 수행, 채팅, 함수 호출, 코딩, 수학 등 광범위한 기능을 제공한다. 2025년 호스팅 API를 통해 고객 지원, 사기 탐지, 공급망 최적화 등의 서비스를 제공할 예정이다.

LG전자는 MS의 음성인식 및 음성합성 기술을 적용한 이동형 AI 홈 'Q9'을 통해 고객의 필요와 선호도를 예측하는 서비스를 개발 중이며, 이를 집, 차량, 호텔, 사무실 등 다양한 환경에 적용할 계획이다.

SKT는 개인 AI 에이전트 '에스터aster'를 통해 현대인의 바쁜 일상을 효율적으로 관리하는 서비스를 개발했다. '일상 관리Life Management'를 핵심 가치로 내세운 에스터는 일상 관리, 계획, 실행, 상기, 조언 등의 기능을 제공하며, 2025년 3월 북미 베타 출시를 시작으로 2025년 하반기에 미국에서 정식 출시를 준비하고 있다.

3.

AX/DX 사고의
전환

디지털 전환과 AI의 급속한 발전은 기존의 사고방식과 문제 해결 방식의 한계를 드러내고 있다. 이러한 변화는 기업에만 국한되지 않고 사회 전반과 개인의 일상에 이르기까지 광범위한 영향을 미치고 있으며, 활동 방식과 생활양식은 물론 사고방식과 개념 형성에 이르는 전방위적 변화를 요구하고 있다. 이는 단순한 기술 적용의 차원을 넘어 근본적인 패러다임의 전환을 의미한다.

McKinsey의 2024년 보고서는 기존 사고방식의 주요 한계점을 다음과 같이 지적한다.

첫째, 단순 인과관계 중심의 선형적 사고로는 복잡한 디지털 환경의 문제를 해결하기 어렵다. Gartner의 분석에 따르면, 성공적인 디지털 혁신 기업들은 복잡한 시스템적 사고를 통해 문제를 해결하는 것으로 나타났다.

둘째, 과거 경험에만 의존하는 의사결정 방식의 한계가 분명해지고 있다. Deloitte의 연구는 데이터 기반 의사결정을 도입한 기업들이 평균 35% 높은 성과를 달성했음을 보여준다.

셋째, 부서별 분절적 사고는 상호 연결된 디지털 환경에서 전체적 관점의 접근을 저해한다. BCG의 조사에 따르면, 부서 간 협업과 통합적 사고를 갖춘 조직은 혁신 속도가 2배 이상 빠른 것으로 나타났다.

이러한 한계를 극복하기 위해 새로운 사고방식이 필요하다. 전체적 맥락에서 문제를 이해하고 다양한 요소 간의 상호작용을 고려하는 시스템 사고, 객관적 데이터와 과학적 분석을 기반으로 한 의사결정, 부서와 기능의 경계를 넘어선 통합적 관점의 접근이 요구된다. 또한 빠른 실험과 학습을 통한 반복적 개선을 추구하는 실험적 사고와 불확실성이 높은 환경에서 유연하게 대응할 수 있는 적응적 사고의 중요성이 커지고 있다.

이러한 사고방식의 전환이 중요한 이유는 여러 가지다. 디지털 환경의 복잡성과 불확실성이 증가하는 상황에서 새로운 사고방식은 필수적이며, 시장과 기술의 급격한 변화 속도에 맞춘 신속한 대응을 위해서도 이러한 전환이 요구된다.

또한 디지털 기술을 통한 새로운 가치 창출을 위해서는 창의적이고 혁신적인 사고가 필요하며, AI와의 효과적인 협업을 위해서도 기존과는 다른 방식의 사고가 요구된다. 이러한 변화는 조직의 생존과 성장을 위한 필수적인 과제가 되고 있다.

4.

AX/DX 시대의
역량

디지털 전환 시대를 맞아 조직과 개인에게 요구되는 역량이 근본적으로 변화하고 있다. World Economic Forum의 Future of Jobs Report 2024 업데이트는 2025년까지 전체 직무 역량의 40% 이상이 재정의될 것으로 전망하며, 특히 AI와의 협업 능력을 미래의 핵심 역량으로 지목했다.

이러한 변화의 중심에는 진화된 형태의 디지털 리터러시가 있다. McKinsey의 2024년 연구에 따르면, 디지털 리터러시는 이제 선택이 아닌 필수적인 직무 요구사항이 되었다. 특히 생성형 AI의 등장으로 AI에 대한 이해와 활용 능력이 더욱 중요해졌으며, 이는 단순한 기술 이해를 넘어 AI와의 효과적인 협업 능력으로 확장되고 있다.

디지털 시대의 문제 해결 방식도 크게 변화했다. Gartner의 최신 분석은 메타인지 기반의 문제 해결 능력이 조직의 성과를 향상시킨다는 점을 보여준다. 복잡한 문제를 체계적으로 구조화하고 시스템적 사고로 접근하며, 실험과 학습을 통해 지속적으로 개선하는 능력이 중요해진 것이다. 특히 AI와 빅데이터를 활용한 의사결정 과정에서 이러한 메타인지 능력은 성과를 60% 이상 향상시키는 것으로 나타났다.

변화 관리 역량도 새로운 차원으로 진화하고 있다. MIT Sloan의 연구는 빠른 학습과 적응 능력, 혁신적 사고와 창의성, 애자일 방식의 실행력이 조직의 디지털 전환 성공률을 3배 이상 높인다는 사실을 밝혔다. 이는 불확실성이 일상이 된 디지털 환경에서 조직의 생존과 직결되는 핵심 역량이 되고 있다.

주목할 점은 디지털 시대에도 사회적 역량의 중요성이 오히려 커지고 있다는 것이다. 디지털 환경에서의 공감 능력, 글로벌 이해관계자와의 가상 협업 능력, 문화적 감수성이 조직의 성공을 좌우하는 핵심 요소로 부상했다. 특히 AI 윤리와 책임 있는 기술 활용에 대한 이해는 ESG 경영의 맥락에서도 그 중요성이 더욱 커지고 있다.

이러한 새로운 역량을 개발하기 위해 조직들은 혁신적인 접근법을 도입하고 있다. BCG의 2024년 연구는 AI 기반 개인화 학습, 실시간 피드백 시스템, 메타버스 기반 실습 환경 등이 효과적인 역량 개발 방법이라고 제시한다. 결론적으로 디지털 전환 시대의 역량 개발은 조직의 경쟁력과 지속가능성을 결정짓는 핵심 요소가 되었다. 이는 단순한 기술 훈련을 넘어 조직문화의 전환과 새로운 사고방식의 내재화가 필요한 총체적인 과제라고 할 수 있다.

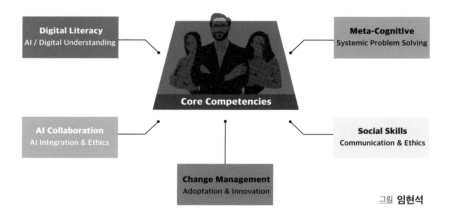

Digital Transformation Core Competencies 2025

Digital Literacy
AI / Digital Understanding

Meta-Cognitive
Systemic Problem Solving

Core Competencies

AI Collaboration
AI Integration & Ethics

Social Skills
Communication & Ethics

Change Management
Adoptation & Innovation

그림 **임현석**

디지털 전환 시대의 사회적 역량은 더욱 진화된 형태로 발전하고 있다. Forbes의 2024년 분석에 따르면, 고도화된 디지털 환경에서 오히려 인간 고유의 사회적 역량이 더욱 중요해지고 있다. 특히 공감과 감성적 소통 능력을 위해 디지털 환경에서의 효과적인 의사소통과 원격협업 상황에서의 관계 구축 역량이 중요하다고 강조한다. 둘째, 다양한 이해관계자와의 효과적인 협업을 위해 글로벌 팀과의 가상 협업 능력과 문화적 차이를 고려한 커뮤니케이션 역량의 중요성을 이야기하였다. 마지막으로 AI 윤리에 대한 이해와 책임 있는 기술 활용 능력을 위한 윤리적 판단과 의사결정 능력이 핵심 역량으로 부각되고 있다.

Deloitte의 'Future of Work 2024' 보고서는 불확실성과 복잡성이 증가하는 현재 상황에서 사회적 역량이 리스크 관리의 핵심 요소가 되었음을 지적한다. 특히 새로운 비즈니스 기회의 포착과 실현 과정에서 다양한 이해관계자들과의 효과적인 소통과 협업이 결정적인 역할을 한다는 점이 부각되고 있다. 이러한 사회적 역량의 개발을 위해서는 체계적이고 지속적인 접근이 필요하다.

Harvard Business Review의 연구는 전통적인 교육 훈련을 넘어, 실제 업무 현장에서의 적용과 경험 축적, 그리고 지속적인 피드백과 개선의 순환 구조가 필요함을 강조한다. 특히 조직 차원의 적극적인 지원과 이를 뒷받침하는 문화 조성이 역량 개발의 성공을 좌우하는 핵심 요소라는 점이 확인되고 있다.

그림 **임현석**

다음 장에서는 이러한 진화된 사회적 역량을 기반으로 한 구체적인 문제 해결 방법론을 살펴볼 것이다. 특히 디지털 전환 시대에 맞는 새로운 접근법과 실천 전략에 중점을 두어 논의를 진행하고자 한다.

디지털 전환 시대의 문제 해결 능력은 새로운 차원의 진화를 요구하고 있다. McKinsey의 2024년 연구는 이러한 변화의 핵심에 지식Knowledge, 기술Skills, 태도Attitude의 통합적 접근이 있음을 보여준다. 특히 주목할 점은 KSA 통합적 접근을 채택한 기업들의 성과가 전통적 접근법을 사용한 기업들에 비해 높게 나타났다는 것이다.

이러한 통합적 접근이 필요한 이유는 현대 비즈니스 환경의 특성에서 찾을 수 있다. 우선, 디지털 환경의 문제들은 그 어느 때보다 복잡한 양상을 보인다. 단순한 기술적 해결책만으로는 충분하지 않으며, 비즈니스 맥락과 인간적 요소를 포괄하는 총체적 이해가 필요하다.

제2장
AX/DX와 문제 해결

1.

AX/DX
통합적 접근

    McKinsey의 Digital Transformation Report에 따르면, 디지털 전환과 AI 도입은 이제 개별적 과제가 아닌 통합적 혁신의 핵심 축으로 자리 잡고 있다. 특히 AI와 디지털 전환을 통합적으로 추진한 기업들은 개별적으로 접근한 기업들에 비해 2배 이상의 성과 향상을 달성한 것으로 나타났다. 이는 두 영역의 통합이 조직의 혁신과 경쟁력 강화를 위한 필수 요소가 되었음을 보여준다.

    Gartner 보고서는 AI가 디지털 전환의 핵심 동력이자 촉매제로 작용함을 강조한다. 예를 들어, 제조 현장의 디지털 전환 과정에서 AI는 데이터 분석을 통해 프로세스 최적화 방향을 제시하고, 이는 다시 더 효과적인 디지털 전환으로 이어지는 선순환을 만들어내고 있다.

    Deloitte의 'Digital Integration Framework'는 성공적인 통합을 위한 세 가지 핵심 차원을 제시한다. 전략적 차원에서는 AI와 디지털 전환의 목표 일치가, 운영적 차원에서는 데이터의 수집부터 활용까지 일관된 체계 구축이, 조직적 차원에서는 통합된 거버넌스와 인재 육성 체계가 필요하다. 특히 MIT Sloan의 연구는 데이터 전략 통합의 중요성을 강조한다. DX를 통한 데이터의 수집과 저장, AX를 통한 데이터의 분석과 활용이 유기적으로 연결될 때 진정한 데이터 기반 조직으로의 발전이 가능하다는 것이다.

BCG의 Digital Transformation Study는 통합 접근의 실제 구현 단계를 체계화했다. 먼저 조직의 디지털 성숙도, AI 활용 수준, 데이터 관리 체계에 대한 종합적 진단이 선행되어야 한다. 이를 기반으로 단기적 성과와 장기적 혁신 목표가 균형잡힌 통합 로드맵 수립과 프로세스 통합의 중요성을 강조한다.

예를 들어, 고객 서비스 프로세스의 디지털화 과정에서 AI 챗봇과 예측 분석을 통합적으로 도입한 기업들은 고객만족도와 운영 효율성 모두에서 두드러진 개선을 보였다.

Forbes의 분석은 인재 양성의 새로운 패러다임을 제시한다. 디지털 리터러시와 AI 리터러시를 통합적으로 발전시키는 교육 프로그램의 중요성이 커지고 있으며, 특히 중간 관리자층의 통합적 역량 강화가 성공의 핵심 요소로 부각되고 있다.

IDC의 연구는 성공적인 통합을 위한 다섯 가지 핵심 요소를 제시한다. 명확한 통합 비전과 전략 수립, 강력한 리더십과 거버넌스 체계 구축, 데이터 기반 의사결정 문화 정착, 체계적인 변화 관리 실행, 그리고 지속적인 성과 측정과 개선 체계 확립이 그것이다. 이러한 요소들이 유기적으로 작동할 때 진정한 디지털 전환이 가능하다는 것이 연구의 핵심 결론이다.

통합적 변화를 성공적으로 추진하기 위해서는 단계적 접근이 필수적이다. BCG의 연구는 성공적인 디지털 전환 사례들이 '작게 시작하여 크게 확장하는' 전략을 통해 의미 있는 성과를 거두었음을 보여준다. 각 단계에서 얻은 경험과 교훈을 체계적으로 검토하고 다음 단계에 반영하는 과정이 혁신의 핵심이었다. MIT Sloan의 디지털 전환 연구에서 가장 주목할 점은 데이터 기반 의사결정으로의 전환이다. 조직들은 전통적인 경험과 직관 중심의 의사결정에서 벗어나 데이터와 AI를 활용한 체계적 의사결정을 도입하고 있으며, 이를 통해 의사결정의 정확성과 속도가 크게 향상되고 있다.

McKinsey의 업무 혁신 연구는 이러한 데이터 기반 의사결정의 변화를 세부적으로 분석했다. 먼저, 실시간 데이터 활용이 일상화되면서 정적인 보고서 중심의 의사결정이 동적이고 즉각적인 대응 체계로 진화하고 있다. 또한 AI와 머신러닝을 통한 예측적 분석이 확대되어 미래 상황을 예측하고 선제적으로 대응할 수 있게 되었다. 더불어 데이터에 기반한 명확한 의사결정 근거를 제시할 수 있게 되면서 의사결정의 객관성과 투명성이 한층 강화되었다.

자동화와 지능화 측면의 변화도 주목할 만하다. Gartner의 분석에 따르면, RPA와 AI의 결합으로 반복적이고 규칙적인 업무의 자동화가 가능해졌다. 이러한 변화로 인적 자원을 더욱 전략적이고 창의적인 업무에 집중할 수 있게 되었으며, 동시에 자동화를 통한 일관된 품질 유지와 인적 오류의 최소화도 실현되고 있다.

Deloitte의 연구는 디지털 시대의 문제 해결이 과거와는 다른 차원의 복잡성을 가지고 있음을 보여준다. 단순한 기술 도입만으로는 해결할 수 없는 복합적인 도전과제들이 증가하고 있으며, 이로 인해 문제 해결에 대한 더욱 체계적이고 통합적인 접근이 요구되고 있다.

Harvard Business Review의 분석이 강조하듯이, 성공적인 디지털 전환을 위해서는 기술, 프로세스, 조직문화가 균형 잡힌 변화를 이루어야 한다. 이는 단순한 기술 도입을 넘어서 조직의 근본적인 운영 방식과 문제 해결 접근법의 혁신을 의미한다. 이러한 통합적 접근만이 디지털 시대의 복잡한 도전과제들을 효과적으로 해결할 수 있는 열쇠가 될 것이다.

2.

문제 정의의
중요성

디지털 전환 시대에 접어들면서 문제 해결의 패러다임이 근본적으로 변화하고 있다. 특히 문제를 얼마나 정확하게 정의하는가가 성공의 핵심 요소로 부각되며, McKinsey의 최신 연구도 디지털 전환 프로젝트의 성공 여부가 초기 문제 정의의 정확성과 높은 상관관계를 보인다는 점을 강조하고 있다.

많은 조직들이 직면하는 문제의 복잡성과 불확실성은 그 어느 때보다 증가하고 있다. 예를 들어, 고객 불만이 증가하는 현상에 직면했을 때 많은 기업들이 즉각적인 대응으로 응대 인력을 늘리는 방식을 선택한다. 그러나 이는 표면적 현상에만 주목한 성급한 해결책으로, 문제의 근본 원인을 파악하지 못한 접근이다.

진정한 해결을 위해서는 고객 불만의 구조적 원인을 이해하고, 이를 체계적으로 해결할 수 있는 종합적 접근이 필요하다.

디지털 환경에서의 문제 정의는 특히 주의가 필요하다. 기술 솔루션

중심의 사고나 과거 경험에 기반한 섣부른 판단은 오히려 문제를 악화시킬 수 있다. 대신 다양한 이해관계자의 관점을 통합하고, 객관적 데이터를 기반으로 한 분석이 선행되어야 한다. 이 과정에서 문제의 경계와 제약조건을 명확히 하는 것도 중요한데, 이는 실현 가능한 해결책을 도출하는데 핵심적인 역할을 한다. 특히 주목할 점은 문제 해결이 더 이상 일회성 과정이 아닌 순환적 프로세스로 접근해야 한다는 것이다. 관찰에서 시작하여 분석, 정의, 해결책 도출로 이어지는 각 단계는 충분한 시간과 깊이 있는 검토가 필요하다.

더욱 중요한 것은 처음 정의한 문제가 실제 해결 과정에서 다른 양상을 보일 때 이를 인정하고 재정의할 수 있는 유연성이다. 이는 실패가 아닌, 더 나은 해결책을 찾아가는 자연스러운 발전 과정으로 이해해야 한다. 이러한 접근은 특히 AI와 디지털 기술을 활용한 문제 해결에서 더욱 중요하다. 기술의 복잡성과 영향력을 고려할 때, 잘못된 문제 정의는 자원의 낭비뿐만 아니라 의도하지 않은 부작용을 초래할 수 있기 때문이다. 따라서 문제 해결 과정에서 얻는 학습과 통찰을 지속적으로 문제 정의에 반영하고, 이를 통해 더 정교한 해결책을 발전시켜 나가는 것이 필수적이다. 디지털 전환 시대의 성공적인 문제 해결은 정확한 문제 정의에서 시작된다. 이는 단순히 문제를 파악하는 것을 넘어, 복잡한 디지털 환경에서 진정한 혁신과 가치 창출을 가능하게 하는 핵심 역량이 되고 있다.

3.

문제 해결을 위한
지식, 기술, 태도 역량 체계

디지털 전환 시대의 문제 해결 능력은 새로운 차원의 진화를 요구하고 있다. McKinsey의 2024년 연구는 이러한 변화의 핵심에 지식Knowledge, 기술Skills, 태도Attitude의 통합적 접근이 있음을 보여준다. 특히 주목할 점은, KSA 통합적 접근을 채택한 기업들의 성과가 전통적 접근법을 사용한 기업들에 비해 높게 나타났다는 것이다. 이러한 통합적 접근이 필요한 이유는 현대 비즈니스 환경의 특성에서 찾을 수 있다. 우선, 디지털 환경의 문제들은 그 어느 때보다 복잡한 양상을 보인다. 단순한 기술적 해결책만으로는 충분하지 않으며, 비즈니스 맥락과 인간적 요소를 포괄하는 총체적 이해가 필요하다.

지식Knowledge 영역에서는 특히 AI와 디지털 기술에 대한 깊이 있는 이해가 중요해졌다. 단순한 사용법을 아는 것을 넘어, 기술의 작동 원리와 한계를 이해하고 이를 비즈니스 맥락에서 효과적으로 활용할 수 있는 통찰력이 필요하다. 기술Skills 영역에서는 데이터 분석과 AI 활용 능력이 핵심 역량으로 부상했다. 그러나 더 중요한 것은 이러한 기술을 실제 비즈니스 상황에 적용하는 능력이다. Deloitte의 분석에 따르면, 성공적인 조직들은 기술적 능력과 비즈니스 적용 능력을 균형 있게 발전시키는 것으로 나타났다.

태도Attitude 영역은 어쩌면 가장 중요한 변화가 일어나는 부분이다. Harvard Business Review의 최신 연구는 불확실성을 받아들이고 지속적인 학습을 추구하는 태도가 디지털 시대의 핵심 경쟁력이 되었음을 보여준다. 특히 실험정신과 실패를 통한 학습을 긍정적으로 받아들이는 문화가 혁신의 동력이 되고 있으며, 이는 조직의 지속적인 발전을 가능하게 하는 토대가 되고 있다.

이러한 세 가지 영역은 독립적으로 존재하는 것이 아니라 긴밀하게 연결되어 있다. MIT의 디지털 혁신 연구소는 이 세 영역이 서로 긴밀하게 연결되어 있으며, 통합적으로 발전할 때 조직의 문제 해결 능력이 최적화된다고 지적한다. 예를 들어, AI 기술을 활용한 문제 해결에서는 기술적 지식, 실제 적용 능력, 그리고 윤리적 판단이 모두 필요하다. 이러한 통합적 접근은 문제 해결 속도의 향상, 혁신 프로젝트 성공률 증가, 팀 생산성 개선 등 구체적인 성과로 이어지고 있다.

BCG의 분석이 보여주듯, KSA 통합적 접근은 단순한 교육 프레임워크를 넘어 디지털 시대의 경쟁력을 확보하는 핵심 전략이 되고 있다. 이는 빠르게 변화하는 기술 환경에서 조직과 개인이 효과적으로

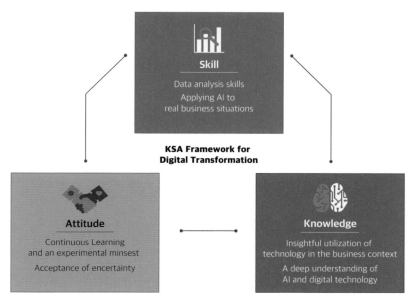

**KSA Framework for
Digital Transformation**

Skill

Data analysis skills
Applying AI to
real business situations

Attitude

Continuous Learning
and an experimental minsest

Acceptance of encertainty

Knowledge

Insightful utilization of
technology in the business context

A deep understanding of
AI and digital technology

그림 **임현석**

적응하고 혁신을 이끌어내는 기반이 되고 있으며, 특히 복잡한 문제의 체계적 해결, 신기술의 효과적 도입과 활용, 조직문화의 혁신적 변화 등에서 큰 효과를 보이고 있다. 이러한 통합적 접근은 디지털 전환시대에 조직과 개인이 직면하는 도전과제들을 효과적으로 해결하고, 지속적인 혁신을 가능하게 하는 핵심 요소로 자리 잡고 있다.

4.

문제 해결을 위한
사고 전환

디지털 전환 시대는 단순히 기술을 도입하거나 대규모 투자를 통해 성과를 내는 것을 넘어, 조직 전반의 사고방식을 혁신하는데 성공 여부가 달려 있는 시대이다.

McKinsey[2024]의 Digital Transformation 보고서에 따르면, 디지털 전환에 성공한 기업은 기술이나 자금 투자가 아닌, 먼저 조직의 사고방식을 전환하는데 집중한 것으로 나타났다. 이러한 변화는 조직의 생존과 번영을 위해 필수적인 요소로 자리 잡았다. 그러나 디지털 환경에서는 기존 사고방식이 여전히 큰 걸림돌로 작용하고 있다.

전통적 사고방식은 디지털 시대의 복잡성과 불확실성 앞에서 한계를 드러낸다. 첫째, 선형적 사고의 한계로 인해 문제와 해결책 간의 단순한 인과관계가 더 이상 적용되지 않는 사례가 빈번히 발생한다. 고객경험 개선을 위해 디지털 솔루션을 도입했음에도 예상치 못한 문제들이 연쇄적으로 발생하는 예시를 통해 이를 보여주었다.

둘째, 경험 기반 의사결정의 한계 또한 디지털 환경에서 두드러진다. 생성형 AI와 같은 파괴적 기술의 등장으로 인해 과거의 성공 경험은 때로는 혁신의 장애물로 작용한다.

셋째, 조직 내 부서별 분절적 사고는 통합적 접근이 필수적인 디지털 전환의 맥락에서 비효율을 초래한다. 부서 간 협력이 이루어지지 않으면 조직 전체의 목표를 달성하기 어렵다.

이러한 한계를 극복하기 위해서는 새로운 사고방식과 이를 뒷받침하는 프레임워크가 필요하다. Deloitte$_{2024}$는 성공적인 디지털 리더들이 채택한 사고방식으로 통합적 시스템 사고, 실험적 사고방식, 적응적 사고를 제시하였다. 통합적 시스템 사고는 전체적인 맥락에서 문제를 이해하고 상호작용을 분석하는 접근 방식이다. 실험적 사고방식은 빠른 실패와 학습을 통해 혁신을 지속적으로 추구하도록 돕는다. 적응적 사고는 불확실성을 수용하며 환경 변화에 유연하게 대응할 수 있는 역량을 강조한다.

새로운 사고방식은 인식, 행동, 그리고 조직문화의 변화로 실천되어야 한다. MIT 디지털 리더십 센터는 성공적인 사고방식 전환을 위해 인식, 행동, 문화의 세 가지 주요 단계를 제시하였다. 먼저, 디지털 전환은 단순한 기술 도입이 아닌 조직 전반의 근본적인 변화를 요구한다는 점을 구성원 모두가 이해해야 한다. 특히, 변화가 위협이 아닌 새로운 기회로 작용할 수 있다는 긍정적 인식 전환이 필수적이다.

Digital Transformation Research Insights 2024-2025

Gartner Analysis
Traditional Thinking Limits
• Linear Thinking : 65% Failure
• Experience-based : 72% Risk
• Silo Thinking : 80% Inefficiency

Deloitte Framework
New Leadership Mindset
• System Thinking : +85%
• Experimental Mindset : +92%
• Adaptive Thinking : +78%

BCG Change Management
Transformation System
• Distributed Leadership
• Collaborative Partnership
• Learning Culture

IDC 2025 Forecast
Mindset Transformation
• 60% Program Adoption
• Human-AI Collaboration
• Data-Driven Culture

Forbes Analysis
Organizational Change
• Cultural Transformation
• Behavioral Change
• Mindset Evolution

다음으로, 사고방식 전환은 구체적인 행동 변화로 이어져야 한다. 데이터 기반 의사결정을 실천하기 위해 데이터 분석 및 활용 능력을 강화하고, 실험적 사고를 바탕으로 파일럿 프로젝트를 시행하며 점진적으로 확장해 나가는 방식이 효과적이다.

마지막으로 조직문화가 변화해야 한다. Deloitte의 연구는 성공적인 디지털 전환을 이룬 조직들이 실패를 통해 학습하고 지속적으로 혁신을 추구하는 문화를 가지고 있음을 보여주었다.

이와 함께 변화 관리의 주체로서 모든 구성원이 능동적으로 참여하는 분산형 리더십이 필요하다. BCG의 연구는 변화 관리가 전통적인 하향식 접근에서 벗어나야 함을 강조하며, 모든 구성원이 변화의 주체로서 역할을 다할 수 있도록 지원하는 협력적 파트너십과 지식 공유 문화를 촉진해야 한다고 언급했다.

이러한 과정에서 명확한 비전을 제시하고, 다양한 이해관계자와 협력하며, 실험과 학습을 장려하는 환경을 구축하는 것이 중요하다.

디지털 전환 시대의 성공은 기술이나 자금 투자보다 근본적인 사고방식의 전환에 달려 있다. 이는 단순한 인식 변화가 아니라 행동 변화와 조직문화의 전환으로 이어져야 하며, 구성원 모두가 적극적으로 참여하는 체계적이고 지속적인 과정이어야 한다. 이를 통해 조직은 디지털 시대의 복잡한 도전과 기회를 효과적으로 극복하고, 변화하는 환경에서 지속가능한 경쟁력을 확보할 수 있을 것이다.

5.

문제 해결을 위한
필수 사고

▌비판적 사고 Critical Thinking

디지털 시대의 복잡한 데이터 환경에서 비판적 사고는 필수적인 역량이다. AI와 데이터 분석 도구가 의사결정을 지원하는 환경에서 비판적 사고는 정보의 신뢰성을 평가하고 최적의 선택을 도출하며 새로운 기회를 창출하는데 중요한 역할을 한다.

특히 AX/DX 환경에서는 다음과 같은 세 가지 핵심 역할을 수행한다. 첫째, 방대한 데이터 속에서 적절한 정보를 선별하는 정보 필터링 기능은 조직 내 데이터 과잉 문제를 해결하는데 기여한다. 예를 들어, AI 기반 데이터 분석 도구를 활용하여 고객 행동 데이터를 필터링하고 마케팅 전략을 최적화할 수 있다. 둘째, 의사결정 품질 보장은 AI가 제공하는 여러 선택지 중 최적의 옵션을 검토하는데 중요한 역할을 한다. 예컨대, 제조업에서 AI 모델의 결과를 분석하여 생산 효율을 높이는 의사결정을 내릴 수 있다. 셋째, 기존 가정을 재검토하고 창의적 해결책을 도출하는 혁신 기반 마련이다.

스타트업 환경에서는 기존 비즈니스 모델에 대한 재검토를 통해 새로운 시장 진입 기회를 발견하는 사례가 이를 뒷받침한다. 첫째, 방대한 데이터 속에서 신뢰할 수 있고 관련성 높은 정보를 선별하는 정보 필터링 기능이다. 둘째, AI가 제공하는 여러 선택지 중 최적의 옵션을 비판적으로 검토하여 선택하는 의사결정 품질 보장이다. 셋째, 기존 가정을 재검토하고 창의적 해결책을 도출하는 혁신 기반 마련이다.

▎데이터 기반 의사결정에서의 적용

데이터 기반 의사결정은 현대 조직의 필수적인 요소이며, 이를 효과적으로 수행하기 위해 비판적 사고는 데이터의 신뢰성 평가, 인과관계와 상관관계의 구분, 그리고 AI 결과물의 비판적 검토라는 세 가지 방식으로 적용된다.

먼저, 데이터의 신뢰성 평가에서는 데이터 출처의 신뢰도를 검증하고 수집 방법의 적절성을 검토하며 데이터의 최신성과 완전성을 확인하고 잠재적인 편향성을 식별하여 이를 교정할 방안을 모색한다. 예를 들어, 온라인 리뷰 데이터를 분석할 때 출처가 공식적인 소비자 플랫폼인지 검증하고, 데이터 수집 과정에서 자동화 스크래핑 도구를 사용할 경우 필터링 기준이 명확한지 확인해야 한다. 또한, 최신성 측면에서는 3년 이상된 데이터는 제외하거나 보충 데이터와 결합해 분석의 정확성을 높일 수 있다. 편향성의 경우 특정 소비자 그룹에만 편중된 데이터를 식별하여 이를 보완하는 방법이 필요하다.

▎**시스템 사고** Systems Thinking

디지털 시대는 조직, 개인, 기술, 데이터가 복잡하게 연결된 생태계를 형성한다. 시스템 사고는 이러한 상호 연결된 요소들을 통합적으로 이해하고, 변화의 파급 효과를 예측하는데 중요한 역할을 한다. 특히, 디지털 생태계는 독립적인 구성 요소가 아닌 상호작용과 피드백을 통해 작동하므로, 이를 이해하는 것은 조직의 성공적인 디지털 전환을 위해 필수적이다.

시스템 사고는 실무에서 다양한 방식으로 활용될 수 있다. △프로세스 최적화 : 조직의 운영 프로세스를 시스템적으로 분석하여 병목 현상을 제거하고 효율성을 극대화한다. △위기관리 : 복잡한 위기 상황에서 문제의 근본 원인을 파악하고 장기적인 해결책을 마련한다. △전략 수립 : 조직의 목표와 외부 환경의 변화를 통합적으로 고려하여 전략을 설계한다.

시스템 사고는 디지털 시대의 복잡한 문제를 해결하고 조직의 지속

가능한 발전을 지원하는 강력한 도구이다. 이를 통해 조직과 개인은 변화하는 환경에 보다 유연하게 대응하며 장기적인 성장을 도모할 수 있다.

▋**창의적 사고** Creative Thinking

AI가 빠르게 발전하는 시대에도 인간 창의성의 중요성은 더욱 부각되고 있다. AI는 방대한 데이터를 분석하고 반복적인 작업을 자동화할 수 있지만, 인간의 독창성과 직관은 여전히 대체할 수 없는 영역이다. 창의적 사고는 복잡한 문제를 해결하고 새로운 가치를 창출하는 데 핵심적인 역할을 하며, 디지털 시대의 경쟁력을 좌우하는 중요한 요소로 작용한다.

디지털 기술은 창의성을 증진하는데 강력한 도구로 활용될 수 있다. 특히 다음과 같은 영역에서 디지털 도구와 창의적 사고가 결합된다. AI를 활용하여 아이디어를 확장하고 새로운 관점을 탐색한다. AI 기반 도구를 사용해 창의적 프로세스를 가속화하고 최적화한다. 창의적 사고는 AI 시대에도 인간이 가진 독창성과 가치를 극대화하는 핵심 역량이다.

이를 통해 조직과 개인은 지속적으로 새로운 기회를 창출하고, 디지털 시대의 변화에 적응하며 발전할 수 있다.

▌디자인 사고 Design Thinking

디자인 사고는 사용자의 관점에서 문제를 이해하고 창의적인 해결책을 도출하는데 초점을 맞춘 접근법이다. 이는 공감Empathy, 문제 정의Define, 아이디어 도출Ideate, 프로토타이핑Prototype, 테스트Test의 다섯 단계로 구성되며, 사용자의 니즈와 피드백을 중심으로 혁신을 실천한다.

디자인 사고를 실무 프로젝트에 적용할 때는 데이터와 디자인의 통합을 통해 사용자 행동을 분석하여 맞춤형 서비스를 개발하고, 지속적이고 반복적인 학습을 통해 변화하는 환경에 신속히 대응하는 방식이 효과적이다. 또한, 다학제적 협업을 통해 기술, 경영, 사용자 경험, 윤리 등 다양한 전문 분야의 인사이트를 결합하여 보다 창의적이고 현실적인 솔루션을 창출할 수 있다.

디자인 사고는 사용자 중심의 혁신과 디지털 전환을 촉진하는 강력한 도구로 변화하는 시장 환경에서 조직과 개인은 경쟁 우위를 확보하고 지속 가능한 성장을 이끌어낼 수 있다.

▌적응적 사고 Adaptive Thinking

적응적 사고는 빠르게 변화하는 환경에서 개인과 조직이 유연하게 대응할 수 있는 역량이다. 디지털 혁신과 글로벌 시장의 급격한 변화는 불확실성을 증대시키며, 이러한 상황에서는 기존의 고정된 사고방식으로는 효과적인 대처가 어렵다.

적응적 사고는 복잡성과 변화를 이해하고 이에 적절히 대응하며 지속적인 성장을 가능하게 한다. 적응적 사고를 실무에 적용하기 위해 다음과 같은 방법이 효과적이다. △애자일 접근법 : 유연하고 반복적인 프로세스를 통해 변화하는 요구사항에 신속히 대응한다. △지속적 개선 : 조직 내 프로세스를 지속적으로 점검하고 개선한다. △데이터 기반 의사결정 : 실시간 데이터 분석을 통해 변화하는 상황에 대한 즉각적인 대응을 가능하게 한다.

적응적 사고는 디지털 시대의 복잡성과 불확실성을 극복하기 위한 핵심 역량으로, 개인과 조직이 지속가능한 경쟁 우위를 확보할 수 있도록 돕는다.

SESSION. 2

AX/DX Thinking for
R&D

오늘날 우리는 AI와 데이터 기반의 DX디지털 전환 시대, 즉 AXArtificial Intelligence Experience와 DX가 결합된 AX/DX 시대에 접어들었다.

이 새로운 시대에서는 디지털 기술이 모든 산업과 사용자 경험의 핵심에 자리 잡고 있으며, 기업과 조직은 AI와 데이터 활용을 통해 보다 빠르고 유연하게 변화하는 시장의 요구를 반영하고 있다. 이러한 변화 속에서 Design Thinking의 개념과 역할 또한 재해석될 필요가 있으며, Design Thinking이 추구하는 인간 중심의 사고와 문제 해결 방식은 AX/DX 시대의 성공적 혁신을 위한 중요한 요소로 자리 잡고 있다.

제1장
Design Thinking과 사고, 창의적 문제 해결의 새로운 패러다임

1.

창의적 시대가 다시 소환한
Design Thinking

Design Thinking은 오늘날 창의적 문제 해결의 대표적인 접근법으로, 다양한 산업과 분야에서 혁신을 이끄는 중요한 방법론으로 자리 잡고 있다. Design Thinking의 핵심은 사용자의 입장에서 문제를 정의하고 해결하는 인간 중심의 사고에 있다. 이는 단순히 새로운 아이디어를 제시하는 것을 넘어, 사용자의 요구와 상황을 깊이 이해하여 진정으로 의미 있는 솔루션을 제안하는데 주안점을 둔다.

▌ Design Thinking이 필수인 시대적 이유

Design Thinking은 급변하는 시장 환경과 복잡한 사회적 문제를 해결하기 위해 발전해왔다. 기술 혁신과 글로벌화가 빠르게 진행됨에 따라, 소비자의 요구는 다양해지고 기업의 문제는 더욱 복잡해지고 있다. 이러한 상황에서 Design Thinking은 기존의 문제 해결 방식으

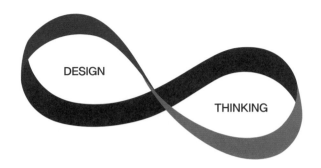

로는 다루기 어려운 새로운 과제에 효과적으로 대응할 수 있는 도구로 각광받고 있다.

Design Thinking은 사용자 관점에서 문제를 탐구하고, 사용자와 지속적으로 소통하며 아이디어를 반복적으로 테스트하고 발전시키는 과정을 통해 보다 창의적이고 혁신적인 솔루션을 개발하는데 중점을 둔다. 이는 단순한 혁신 기법을 넘어, 창의적 사고와 협업을 통해 인류의 삶의 질을 개선하고 지속가능한 변화를 이끌어내는 사고 방식으로 발전했다.

Design Thinking은 다양한 창의적 사고 기법을 통해 새로운 아이디어를 도출하고 이를 실험하는 과정을 거친다. 이 과정은 단순한 발상의 차원을 넘어, 문제에 대한 깊은 공감을 통해 사용자의 실제 요구를 파악하고 이를 충족하는 솔루션을 만들어가는 여정이다.

Design Thinking의 5단계 프로세스공감, 정의, 아이디어 발상, 프로토타입, 테스트는 체계적이고 반복적인 사고 과정을 통해 창의적 사고가 현실적인 결과로 이어질 수 있도록 돕는다. Design Thinking이 창의적 사고와 융합됨으로써, 우리는 기존의 틀을 넘어서 새로운 가치를 창출하고 더욱 풍요로운 경험을 제공할 수 있게 된다.

AX/DX 시대, Design Thinking의 재발견과 중요성

오늘날 우리는 AI와 데이터 기반의 DX디지털 전환 시대, 즉 AXArtificial Intelligence Experience와 DX가 결합된 AX/DX 시대에 접어들었다.

이 새로운 시대에서는 디지털 기술이 모든 산업과 사용자 경험의 핵심에 자리 잡고 있으며, 기업과 조직은 AI와 데이터 활용을 통해 보다 빠르고 유연하게 변화하는 시장의 요구를 반영하고 있다.

이러한 변화 속에서 Design Thinking의 개념과 역할 또한 재해석될 필요가 있으며, Design Thinking이 추구하는 인간 중심의 사고와 문제 해결 방식은 AX/DX 시대의 성공적 혁신을 위한 중요한 요소로 자리 잡고 있다.

AX/DX 시대에서 Design Thinking은 기술 혁신과 사용자 중심의 경험을 연결하는 중요한 다리 역할을 한다. AI와 데이터가 주도하는 시대일수록 Design Thinking의 인간 중심적 사고와 유연성, 반복적 피드백 루프가 더 큰 가치를 발휘하게 된다.

Design Thinking은 AI와 디지털 기술을 사용자 친화적으로 통합하고, 빠르게 변화하는 사용자 요구에 부응하여 더 깊은 감정적 경험과 윤리적 책임을 동반한 솔루션을 제공하는데 핵심적인 역할을 수행한다. 이로써 AX/DX 시대의 Design Thinking은 기술과 인간의 조화를 이루는 동시에 지속가능한 혁신을 가능하게 하는 필수 요소로 자리매김하고 있다.

변화하는 시대 속 Design Thinking의 새로운 역할

○ AI와 인간 중심의 융합

AX/DX 시대의 Design Thinking은 인간의 창의성, 감성, 직관과 AI의 분석력, 데이터 처리 능력을 융합하는 방식으로 진화하고 있다.

AI와 빅데이터가 사용자 행동과 요구를 분석하는데 중요한 역할을 하더라도 인간의 심층적 요구와 감성적 니즈를 이해하는 것은 여전히 중요한 과제이다. Design Thinking은 이러한 AI 분석 결과를 바탕으로 인간의 복잡한 심리와 욕구를 파악하여 AI의 결정을 인간 중심으로 재조정하고, 의미 있는 사용자 경험을 만들어내는 역할을 한다.

○ 디지털 혁신 가속화와 문제 해결의 프레임워크

디지털 전환이 가속화됨에 따라 조직과 기업은 기존 방식으로는 해결할 수 없는 복잡한 문제들에 직면하고 있다. Design Thinking의 사고 과정은 이러한 문제를 해결하기 위한 프레임워크를 제공한다. 특히, Design Thinking의 반복적이며 유연한 피드백 루프는 기술적 변화와 함께 진화할 수 있는 솔루션을 만들어내는데 유리하다.

이를 통해 기업은 끊임없이 변화하는 시장과 사용자 요구에 빠르게 대응하고 유연한 솔루션을 제공할 수 있다.

○ 데이터 기반의 감정적 디자인

AX/DX 시대에서 Design Thinking은 단순한 기능적 요구를 넘어서 감정적 연결과 깊이 있는 사용자 경험을 창출하는데 중점을 둔다. AI와 데이터 분석을 통해 사용자의 행동 패턴, 선호도, 실시간 피드백을 기반으로 다양한 인사이트를 도출할 수 있지만, 이를 감정적 공감과 연결하여 인간적인 경험으로 해석하는 데는 Design Thinking의 역할이 크다. Design Thinking을 통해 사용자와의 감정적 교감을 실현하고, 궁극적으로 사용자에게 의미 있는 경험을 제공할 수 있다.

▌ AX/DX 시대가 요구하는 Design Thinking의 핵심 가치

○ 지속적 혁신을 위한 사용자 중심의 접근

AX/DX 시대에서는 사용자 경험이 빠르게 진화하며, 이는 지속적인 혁신이 필요한 이유이다. Design Thinking은 항상 사용자의 관점에서 문제를 정의하고, 솔루션을 탐색하는 방식으로 접근함으로써 기업이 끊임없이 혁신을 유지할 수 있도록 돕는다. 이는 제품 및 서비스가 단기적 요구를 충족하는데 그치지 않고, 장기적으로도 사용자에게 가치를 제공할 수 있도록 만들어 준다.

○ AI 기술과 인간의 협업 최적화

AI와 인간의 협업이 증가함에 따라, AX/DX 시대의 Design Thinking은 AI 기술을 인간 중심의 설계와 조화롭게 통합하는데 필수적이다. 예를 들어, AI가 데이터를 기반으로 한 분석을 통해 문제를 발견하고 솔루션의 초안을 제시한다면, Design Thinking의 과정을 통해 그 솔루션을 실제 사용자에게 맞는 형태로 발전시킬 수 있다.

이를 통해 AI가 제공하는 정보를 인간의 관점에서 재해석하고, 보다 의미 있는 결과물로 연결하는 협업적 관계가 형성된다.

○ 데이터와 인사이트를 통한 경험의 개인화

AX/DX 시대의 특징 중 하나는 경험의 개인화이다. 사용자는 점점 더 개인화된 경험을 요구하며, 이는 사용자 데이터를 분석하고 활용하는 방식에서 혁신이 필요함을 의미한다. Design Thinking의 사용자는 단순히 데이터를 소비하는 대상이 아닌, 데이터를 통해 구체적인 요구와 니즈가 정의되는 중심에 위치하게 된다. Design Thinking

은 데이터 인사이트를 바탕으로 개인화된 경험을 설계하고, 사용자와의 개인적이고 깊은 연결을 가능하게 한다.

○ 윤리적 접근을 위한 방향 제시

AX/DX 시대에는 AI와 데이터 활용에 대한 윤리적 고려가 필수적이다. AI는 사용자 데이터를 기반으로 개인화된 경험을 제공할 수 있지만, 동시에 프라이버시와 데이터 보안 문제를 동반하기도 한다.

Design Thinking은 이러한 윤리적 측면에서 AI를 활용한 디자인에 기준을 제시하며, 사용자 중심적이고 투명한 방식으로 데이터를 다루도록 방향을 제시한다. 윤리적 접근을 통해 사용자가 안심하고 사용할 수 있는 환경을 조성하고, 브랜드에 대한 신뢰를 강화하는데 기여한다.

○ 기술의 복잡성 완화

AX/DX 시대의 Design Thinking은 고도화된 기술을 보다 직관적이고 사용자 친화적으로 만들어주는 역할을 한다. 예를 들어, AI 기반의 복잡한 기능을 보다 쉽게 이해하고 사용할 수 있는 인터페이스로 구현함으로써 사용자와의 접근성을 높일 수 있다. 이를 통해 사용자는 기술적인 이해 없이도 고도화된 기술의 혜택을 경험할 수 있으며, 복잡한 AI 및 디지털 기술을 보다 쉽게 받아들이게 된다.

▌AX/DX 시대를 위한 Design Thinking의 핵심 요소

○ 데이터와 디자인의 통합

데이터를 디자인 프로세스에 적극적으로 활용하여 실시간으로 사용자 요구를 반영하고, 데이터를 통해 디자인 아이디어를 구체화한다. 예를 들어, 사용자의 행동 데이터를 기반으로 특정 기능을 개선하거나, 사용자의 선호도를 반영한 맞춤형 서비스를 제공하는 등 데이터와 디자인을 유기적으로 통합한다.

○ 지속적 학습과 적응

AX/DX 시대에서는 변화가 매우 빠르게 진행되기 때문에, Design Thinking은 지속적으로 학습하고 변화하는 프로세스를 요구한다. 사용자 행동과 요구의 변화에 신속히 반응하며, 반복적인 테스트와 개선을 통해 솔루션의 유연성을 확보하는 것이 중요하다. 이를 위해 Design Thinking은 유연한 사고와 개방적인 접근을 요구한다.

○ 다학제적 협업

Design Thinking의 다학제적 특성은 기술, 경영, 사용자 경험, 윤리 등 다양한 분야의 전문가들이 협업하여 혁신적인 솔루션을 만들어내는데 중요한 역할을 한다. AI 전문가, 디자이너, 엔지니어, 사용자 경험 전문가 등이 함께 협력하여 각 분야의 인사이트를 결합하고, 이를 통해 AX/DX 시대에 최적화된 솔루션을 창출할 수 있다.

2.

Design Thinking의
기본 원리와 단계별 탐구

▎문제 해결을 재정의한 Design Thinking 사고방식의 탄생

Design Thinking은 단순히 시각적 디자인이나 제품 개발에서 시작된 개념이 아니다. 이 접근법은 문제를 해결하고 혁신을 이루기 위한 사고방식을 다룬다. Design Thinking의 초기 배경은 1960-70년대 건축과 엔지니어링, 산업 디자인 분야에서 문제 해결을 위한 혁신적 접근을 모색하며 발전하기 시작했다. 특히, 버클리와 스탠퍼드 같은 대학의 디자인 프로그램들은 인간 중심적 사고와 디자인 프로세스를 연구하며 Design Thinking의 초석을 다졌다.

스탠퍼드 대학교의 D.School디자인 스쿨은 Design Thinking을 널리 전파하며 현대 Design Thinking 방법론의 주요 기반을 제공했다.

Design Thinking이 본격적으로 주목받기 시작한 계기는 1990년대 디자인 컨설팅 회사인 I사가 디자인 사고를 이용하여 혁신적인 제품을 만들기 시작하면서다. I사는 사용자 입장에서 문제를 정의하고 해결하는 방법을 적극 도입하며, 고객에게 진정한 가치를 제공하는 디자인을 추구했다. 그 과정에서 Design Thinking은 단순한 디자인 과정의 기술적 도구가 아닌, 사용자 중심의 문제 해결 철학으로 발전하였다.

▌ 비즈니스와 교육에서 실현되는 혁신의 사례

Design Thinking은 점차 디자인 분야를 넘어 비즈니스와 교육 현장에도 폭넓게 적용되었다. 2000년대 초반부터 많은 글로벌 기업들은 Design Thinking을 도입하여 조직 혁신과 고객 중심 제품 개발에 성공했다. 앞서가는 기업들은 Design Thinking을 통해 사용자 경험을 강화하고 창의적 솔루션을 도출하는데 집중했다. 회사 전반에 걸친 혁신 전략으로 수립하여 프로젝트의 성공률을 높였고, 문제 해결 속도를 크게 개선한 사례도 있었다.

교육 분야에서도 Design Thinking은 창의적 문제 해결 능력을 키우기 위한 방법론으로 각광받고 있다. 특히, 미국과 유럽의 여러 학교들은 창의성 교육과 융합하여 Design Thinking 수업을 운영하고 있다. 학생들은 실제 사회적 문제를 해결하는 경험을 통해 공감과 협업, 창의적 사고를 배우며 문제 해결 능력을 키우고 있다.

한국에서도 Design Thinking이 학교와 기업 교육에 도입되며 창의적 사고와 사용자 중심 접근법을 통해 교육의 혁신적 변화를 이끌어 가고 있다. Design Thinking의 확산은 이제 단순히 제품 개발의 도구가 아닌, 비즈니스와 교육에서 혁신과 창의적 사고를 증진시키는 중요한 도구로 자리 잡고 있다.

▌문제 해결을 위한 Design Thinking의 5단계 여정

Design Thinking의 5단계 프로세스는 문제 해결을 위해 사용자의 입장에서 생각하며 반복적으로 발전해 가는 과정을 담고 있다.

이 과정은 공감Empathize, 정의Define, 아이디어 발상Ideate, 프로토타입Prototype, 테스트Test의 순서로 이루어지며, 각 단계가 유기적으로 연결되어 있다. 이러한 Design Thinking의 5단계는 사용자를 중심에 두고 끊임없이 개선을 반복함으로써 더욱 효과적이고 창의적인 문제 해결을 가능하게 한다.

첫 번째 단계인 '공감Empathize'은 사용자에 대한 깊은 이해를 통해 시작된다. 여기에서는 사용자 인터뷰, 현장 관찰, 설문 조사 등 다양한 리서치 기법을 활용하여 사용자의 필요와 불편, 감정과 맥락을 깊이 파악한다. 이 단계의 목적은 단순한 문제점 발견을 넘어, 사용자 경험의 핵심을 이해함으로써 더 나은 해결책을 도출할 기반을 마련하는 것이다. 두 번째는 공감을 통해 얻은 사용자 인사이트를 바탕으로 문제를 명확히 '정의Define'하는 단계이다. 이 과정에서는 발견된 사용자 니즈를 정리하고 분석하여, 해결해야 할 핵심 문제를 구체적으로 명시한다. 문제 정의는 목표 설정과도 같아, 이후 팀원들이 문제 해결 과정에서 방향을 잃지 않도록 돕는다. 명확히 정의된 문제는 창의적인 아이디어 도출에 강력한 자극이 된다.

세 번째는 문제를 정의한 후에는 다양한 해결책을 모색하고 제안하는 '아이디어 발상Ideate'을 수행하는 단계이다. 이 단계에서는 자유롭고 개방적인 브레인스토밍, 스캠퍼SCAMPER, 마인드맵 등 창의적 기법을 통해 가능성 있는 아이디어를 최대한 많이 도출한다. 여기서 목표는 양질의 아이디어를 많이 생성한 후 선택과 결합을 통해 최적의 솔루션을 구성할 수 있도록 하는 것이다.

네 번째는 아이디어 중 유망한 것을 선별하여 '프로토타입Prototype'으로 구현하는 단계이다. 프로토타입은 아이디어를 실질적 형태로 구체화한 초기 버전의 시제품으로, 저비용이면서 빠르게 제작할 수 있는 모형이다. 종이, 간단한 재료, 디지털 스케치 등으로 다양한 프로토타입을 제작하여 아이디어의 실행 가능성과 사용성을 검증할 수 있다. 이 단계는 오류를 최소화하고 솔루션을 구체화하는 중요한 과정이다. 최종 단계인 '테스트Test'는 프로토타입을 사용자와 함께 시험하며 피드백을 얻는 과정이다. 사용자는 프로토타입을 실제로 사용해보면

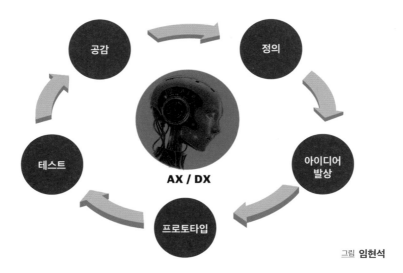

그림 **임현석**

서 경험을 공유하고, 디자이너는 이 피드백을 통해 개선 방향을 도출
한다. 테스트 결과를 바탕으로 프로토타입을 반복적으로 수정해가
며 솔루션을 개선해 나가는 것이 특징이다. 이 단계는 사용자 니즈에
더욱 부합하는 최종 솔루션으로 다듬기 위한 마지막 단계로, 필요한
경우 공감 단계부터 다시 시작해 반복하기도 한다.

3.

인간 중심 디자인,
그 핵심 원칙과 가치

▌인간 중심 디자인이 요구되는 이유와 중요성

　인간 중심 디자인Human-Centered Design, HCD은 기술이나 제품 그 자체보다
사용자의 경험과 만족을 중심에 두고 문제를 해결하는 디자인 접근
방식이다. 이는 단순히 사용자에게 편리한 제품을 제공하는 것을 넘
어, 사용자가 실제로 필요로 하고 가치 있게 여기는 솔루션을 창출하
는데 필수적이다. 이러한 인간 중심 디자인은 오늘날의 급변하는 사
회와 다양한 사용자 요구 속에서 더욱 중요성과 필요성이 대두되고
있다.

　인간 중심 디자인은 사용자의 진정한 니즈에 기반하여 문제를 해결
하는 접근 방식으로, 제품의 성공 가능성을 높이고, 조직에 혁신과 협
업 문화를 정착시키며, 사회와 환경에 긍정적 영향을 미치는 지속가
능한 솔루션을 창출한다. 빠르게 변화하는 기술 및 사용자 기대 속에

서 인간 중심 디자인은 디자이너와 기업이 사용자에게 가치를 제공하고 사회적 책임을 다하는데 필수적인 요소가 되었다.

○ 사용자 경험 최적화를 통한 경쟁력 확보

현대의 소비자는 기술이 발전함에 따라 다양한 선택지를 마주하고 있다. 단순히 기능이 뛰어난 제품이 아닌, 사용자 친화적이고 감성적으로도 만족을 줄 수 있는 제품이나 서비스에 대한 요구가 높아지고 있다. 인간 중심 디자인은 사용자의 실제 요구를 기반으로 문제를 해결하기 때문에, 이러한 소비자의 기대를 충족시키고 감동을 줄 수 있는 경험을 제공한다. 이는 사용자 경험$_{UX}$ 최적화를 통해 경쟁력을 확보하고 고객 충성도를 강화하는 핵심적인 요소로 작용한다.

기업이나 디자이너는 인간 중심 디자인을 통해 사용자에게 의미 있고 긍정적인 경험을 제공함으로써 다른 경쟁 제품과 차별화할 수 있으며, 이는 장기적인 브랜드 성공의 원동력이 된다.

○ 복잡한 문제 해결을 위한 사용자 관점의 접근

오늘날의 문제는 복잡성과 다양성이 높아져 사용자 입장에서 명확히 인식하고 해결하기 어려운 경우가 많다. 인간 중심 디자인은 이러한 문제들을 사용자 관점에서 명확히 정의하고 단계적으로 접근하는데 도움을 준다. 예를 들어 건강, 환경, 교육과 같은 사회적 문제에서 인간 중심 디자인은 사용자의 실질적인 니즈를 중심으로 문제를 구조화하고, 다양한 아이디어와 솔루션을 탐색하여 현실적으로 실행 가능한 해결책을 도출할 수 있다.

이를 통해 기술적 해결책이 일시적인 것이 아닌 사용자 생활 속에서 지속적이고 실제적인 영향을 미치는 방향으로 나아갈 수 있다. 즉, 복잡한 문제를 해결할 때 인간 중심 디자인의 접근은 문제를 더 잘 이해하고, 보다 유의미한 변화를 창출하는데 기여한다.

○ **혁신과 창의성 촉진**

인간 중심 디자인의 과정은 다양한 관점에서 문제를 바라보며 창의적 솔루션을 탐색하는 방식으로 이루어진다. 공감 단계에서 사용자의 감정, 배경, 행동을 깊이 이해함으로써 디자이너는 새로운 시각에서 문제를 바라보게 되고, 이는 획기적인 아이디어를 이끌어낼 가능성을 높인다.

인간 중심 디자인은 사용자의 니즈를 근본적으로 이해하고 해결하기 때문에, 이를 통해 나온 해결책은 기존의 틀을 뛰어넘는 혁신적 사고를 유도한다. 또한, 아이디어를 빠르게 시제품으로 만들어보고, 피드백을 통해 개선해 나가는 반복적 과정은 실패를 두려워하지 않고 새로운 시도를 장려한다. 이로써 인간 중심 디자인은 창의적이고 혁신적인 솔루션 개발을 가속화하는 환경을 조성한다.

○ 사회적 책임과 지속가능성

인간 중심 디자인은 사용자뿐 아니라, 그들이 속한 사회와 환경에 미치는 영향을 고려한다. 이는 단순히 수익을 목적으로 하는 디자인이 아닌, 사용자와 공동체에 긍정적인 영향을 미칠 수 있는 솔루션을 목표로 한다. 예를 들어, 에너지 효율 제품, 재사용 가능한 패키지, 사용자 교육 및 건강 증진을 목표로 하는 서비스 디자인 등이 있다.

또한, 인간 중심 디자인은 지속가능성을 중요시하기 때문에 장기적으로 환경과 사회에 이로운 영향을 미치는 방향으로 디자인을 유도한다. 이는 기업과 디자이너가 사회적 책임을 다하는데 큰 역할을 하며, 오늘날의 소비자들이 점점 더 이러한 가치를 중시하는 상황에서 매우 중요한 접근이다.

○ 조직 내 소통과 협업 문화 형성

인간 중심 디자인은 다양한 배경과 전문성을 가진 사람들이 팀으로 협력하며 창의적 솔루션을 도출하는 과정을 중시한다. 이를 통해 조직 내에서 소통과 협업이 촉진되며, 여러 관점을 수용하고 서로 존중하는 개방적인 문화가 형성된다. 인간 중심 디자인을 조직 내 프로세스에 도입함으로써, 팀원들이 문제 해결 과정에 적극적으로 참여하게 되고, 디자인의 품질뿐만 아니라 팀원 간 신뢰와 유대가 강화된다.

결과적으로 인간 중심 디자인은 조직 전반에 걸쳐 사용자 중심의 가치와 혁신적 사고를 공유하게 하며, 모든 구성원이 사용자 만족이라는 공통의 목표를 위해 협력할 수 있는 기반을 마련한다.

▌혁신을 이끄는 인간 중심 디자인의 핵심 원칙

○ 사용자 중심의 사고

사용자 중심의 사고는 인간 중심 디자인의 가장 중요한 원칙으로, 사용자의 요구와 감정을 깊이 이해하고 이를 모든 디자인 결정에 반영하는 것이다. 이 원칙은 디자이너가 디자인 과정 전반에서 사용자의 입장과 관점에서 문제를 바라보고 해결하도록 이끈다. 사용자 중심 사고는 제품이나 서비스를 사용자에게 친화적으로 만들고, 사용자의 편의성, 사용성, 감성적 만족감을 극대화하는 솔루션을 개발하는데 필수적인 동력을 제공한다. 이러한 사고를 실천하기 위해 디자이너는 다양한 리서치 기법을 활용한다. 예를 들어, 사용자 인터뷰를 통해 사용자가 경험한 문제점과 기대를 듣고, 사용 환경을 관찰하여 사용자가 디자인 요소와 어떻게 상호작용하는지 파악하며, 설문조사를 통해 사용자 경험에 대한 정량적인 데이터를 수집한다.

이와 같은 사용자 연구는 단순한 통계나 자료 수집을 넘어서 사용자가 겪는 실제 상황에 대한 깊은 이해를 통해 이루어지며, 디자이너가 문제 해결 과정에서 언제나 사용자와 공감하고 그들의 목소리를 반영하도록 돕는다. 결과적으로 이러한 사용자 중심 사고는 사용자에게 실질적으로 가치 있는 디자인을 창출하는데 큰 역할을 한다.

○ 문제를 해결하는 협업의 새로운 접근법

인간 중심 디자인은 복잡하고 다양한 문제를 해결하기 위해 여러 관점과 전문성을 융합한 협업을 중요하게 여긴다. Design Thinking에서는 디자이너, 엔지니어, 마케팅 전문가, 사용자 경험 전문가 등 다양한 배경을 가진 팀원들이 함께 모여 각자의 지식과 경험을 공유하고 협력하는 과정을 강조한다. 이러한 협업 과정은 단순한 아이디어 공유를 넘어, 팀원들이 각자의 창의적 아이디어와 고유한 강점을 융합하여 다각적인 솔루션을 만들어내는데 목적이 있다. 협업 과정에서 디자이너는 자신의 분야뿐 아니라 타 분야 전문가의 시각도 적극적으로 수용하여 보다 혁신적인 결과를 도출할 수 있다. 이를 위해 팀원들은 개방적이고 수평적인 태도로 서로를 존중하고, 열린 마음으로 의견을 나누며 다양한 관점을 고려한다. 이 과정에서 팀 내 다양한 의견은 혁신적인 솔루션을 탄생시키는 원동력이 된다.

또한, 협업을 통해 팀원 간 신뢰와 소통이 강화되며, 문제가 복잡해질수록 각자 역할에 충실하되 전체 그림을 이해하고 목표를 공유하는 것이 가능해진다. 결과적으로 협업을 통한 다각적 접근은 문제를 다양한 관점에서 재조명하고 창의적인 아이디어가 구체적이고 실행 가능한 해결책으로 발전하도록 돕는다.

○ **빠른 실패에서 배우는 성공의 전략**

Design Thinking에서 실패는 두려워하거나 피해야 할 것이 아니라 학습과 발전을 위한 소중한 자산으로 여겨진다. 빠른 프로토타입 제작과 테스트를 통해 사용자 피드백을 수집하고, 이를 바탕으로 솔루션을 지속적으로 개선하는 반복적 과정이 바로 이 원칙의 핵심이다. 초기 단계에서의 실패는 개선과 학습의 기회로 인식되며, 이후 더 나은 설계로 이어질 수 있는 중요한 발판이 된다.

아이디어를 신속하게 시제품프로토타입으로 만들어 사용자의 반응을 즉각적으로 확인하고, 문제점이 발견되면 이를 빠르게 수정하며 반복적으로 테스트한다. 이 과정에서의 실패는 더 강력한 솔루션을 개발하는데 중요한 통찰을 제공한다. 디자이너는 이를 통해 초기 아이디어에서부터 사용자가 만족하는 최종 솔루션에 이르기까지의 발전을 단계적으로 경험하며, 실수를 통해 학습하고 이를 기반으로 혁신적인 디자인을 구체화한다.

이러한 실패와 학습의 반복은 결과적으로 현실적이고 실행 가능한 솔루션을 만들어내는 과정에서 매우 중요하다. 인간 중심 디자인에서는 작은 실패를 두려워하지 않고 이를 학습의 기회로 삼아 문제 해결 과정에서 더욱 견고한 디자인을 완성하는 것을 목표로 한다.

사용자 요구를 이해하는 공감 기술은 사용자의 감정, 생각, 문제점을 깊이 이해하여 진정한 니즈를 파악하는 기법이다. 이를 통해 사용자가 겪는 어려움을 명확히 하고, 보다 효과적인 해결책을 찾을 수 있다. 공감 인터뷰, 관찰 기법, 공감 맵 등의 방법이 주로 활용된다.

제2장
공감과 문제 정의 :
Design Thinking의 핵심 접근법

1.

공감의 힘으로
사용자 이해

▌공감의 시작, 사용자와 연결되는 첫걸음

공감을 위한 첫걸음은 사용자를 이해하려는 열린 태도를 가지는 것이다. 선입견 없이 사용자의 문제와 상황을 있는 그대로 바라보고, 그들의 배경과 가치관을 존중하며 접근해야 한다. 이를 통해 사용자는 자신의 경험을 솔직하게 공유할 수 있는 환경을 느끼게 된다.

사용자와 신뢰를 구축하는 과정에서는 진정성 있는 경청이 핵심이다. 사용자의 목소리를 판단 없이 받아들이고, 그들의 감정과 생각에 세심하게 집중함으로써 더 깊은 연결을 형성할 수 있다. 또한 표정, 제스처 등 비언어적인 단서를 관찰하며 사용자의 숨겨진 요구와 감정을 이해하려는 노력이 필요하다. 공감은 사용자의 입장에서 문제를 바라보는 태도에서 시작되며, 이를 통해 단순한 문제 해결을 넘어 진정으로 의미 있는 솔루션을 설계할 수 있다.

사용자 요구를 이해하는 공감의 기술

사용자 요구를 이해하는 공감 기술은 사용자의 감정, 생각, 문제점을 깊이 이해하여 진정한 니즈를 파악하는 기법이다. 이를 통해 사용자가 겪는 어려움을 명확히 하고, 보다 효과적인 해결책을 찾을 수 있다. 공감 인터뷰, 관찰 기법, 공감 맵 등의 방법이 주로 활용된다.

○ 공감 인터뷰

공감 인터뷰는 사용자가 느끼는 문제와 그 배경, 행동의 동기를 심층적으로 이해하기 위한 방법이다.

인터뷰를 통해 사용자의 생각과 감정을 직접 듣는 과정에서 표면적 요구를 넘어 숨겨진 니즈를 발견할 수 있다. 예를 들어, 특정 제품의 사용 과정에서 겪는 불편함에 대해 질문할 때, 사용자가 불편을 어떻게 인식하고 개선을 원하는지 알 수 있다.

○ 관찰 기법

관찰 기법은 사용자가 실제로 제품이나 서비스를 사용하는 장면을 관찰함으로써 사용자의 행동과 반응을 직접 분석한다. 관찰을 통해 사용자가 일상적으로 겪는 경험을 이해하고, 미처 자신도 인지하지 못한 문제를 발견할 수 있어 설계에 깊이 있는 통찰을 제공한다.

○ 공감 맵을 통한 사용자 분석

공감 맵Empathy Map은 사용자의 경험과 감정을 시각적으로 정리하여 사용자에 대한 이해를 명확히 한다. 사용자가 무엇을 보고, 듣고, 생각하고, 느끼며, 어떠한 말을 하는지를 각각의 영역에 정리해 나타낸다. 예를 들어, 사용자가 앱을 이용하면서 불편함을 느낀다면 그가 말하는 것("너무 복잡해"), 느끼는 것("불편하다"), 생각하는 것("어떻게 더 간단하게 사용할 수 있을까?") 등을 체계적으로 정리한다.

이를 통해 사용자가 겪는 문제를 직관적으로 파악하고, 그들의 관점에서 솔루션을 개발할 수 있는 기반을 마련한다.

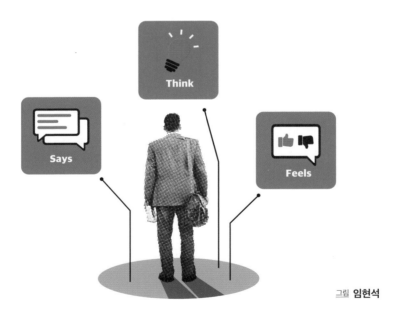

그림 **임현석**

○ 역할극

역할극_{Role-Playing}은 디자이너나 팀원이 직접 사용자의 입장이 되어 그들의 상황을 체험하는 방법이다. 예를 들어, 장애인의 입장에서 공공시설을 이용하는 과정을 직접 체험하면, 겪게 되는 어려움을 실질적으로 이해하고, 사용자 중심의 솔루션을 설계하는데 필요한 인사이트를 얻을 수 있다. 역할극은 사용자의 맥락을 직접 느끼며 공감을 확장하는데 효과적인 기법이다.

▌인사이트 도출과 분석의 새로운 접근

사용자 요구를 깊이 이해하기 위해 공감 맵 등 공감 기술을 활용하여 사용자 경험에서 중요한 인사이트를 도출한다. 공감 맵은 사용자의 감정, 행동, 생각, 요구를 시각적으로 정리함으로써 그들의 경험을 명확히 이해할 수 있도록 돕는다. 이 과정은 사용자와의 직접적인 인터뷰, 관찰, 설문조사 등을 통해 다양한 데이터를 수집하는 데서 시작된다.

수집된 데이터를 기반으로 사용자 경험에서 나타나는 주요 문제와 반복되는 패턴을 분석한다. 단순히 문제의 표면적 증상에 그치지 않고, 데이터 속에서 드러나는 사용자의 깊은 불편함과 필요를 식별하는 것이 핵심이다. 이를 통해 사용자 경험에서 발생하는 원인을 파악하고, 문제의 본질을 탐구할 수 있다. 분석 결과를 정리하여 사용자 요구를 명확히 정의하고 해결해야 할 핵심 문제를 도출한다. 단순한 문제 해결을 넘어 보다 실질적이고 혁신적인 솔루션을 설계할 수 있는 기반을 제공한다. 명확한 문제 정의는 이후 솔루션 개발 과정에서 방향성을 잡아주고, 사용자 중심의 결과물을 도출하는데 기여한다.

2.

통찰력을 바탕으로
명확한 문제 정의

▋ 사용자 요구를 해석하는 분석의 핵심

사용자 통찰력을 통한 문제 정의는 사용자의 실제 경험을 바탕으로 명확한 문제 진술을 도출하는 과정이다. 이 단계에서는 사용자의 요구와 문제를 정확히 파악하여 해결해야 할 핵심 문제를 정의한다. 정의된 문제는 향후 디자인 프로세스의 방향을 제시하며, 효과적인 해결책을 개발하는 기초가 된다.

사용자 통찰력을 도출하기 위해 먼저 사용자의 요구를 분석한다. 이는 공감 인터뷰, 관찰, 공감 맵 등을 통해 얻은 데이터를 기반으로 사용자가 진정으로 원하는 것이 무엇인지를 파악하는 단계다. 사용자 요구 분석을 통해 문제의 범위와 깊이를 이해하고, 디자인할 솔루션이 사용자에게 실제로 필요한지 확인한다.

○ 페르소나 작성

페르소나는 특정 사용자 집단을 대표하는 가상의 인물로, 사용자 유형에 따라 특징, 목표, 행동 패턴 등을 구체화하여 정의한다.

예를 들어, 주 5일 재택근무를 하는 30대 직장인을 대상으로 한 페르소나를 작성할 때, 그의 목표효율적인 시간 관리, 과제장시간 집중하기 어려움, 요구사항손쉬운 일정 관리 도구 등을 상세히 설정한다. 페르소나는 디자인 과정에서 사용자 중심적 사고를 유지하게 도와주며, 특정 기능이 실제 사용자에게 어떤 의미가 있을지 판단할 수 있는 기준점이 된다.

○ 문제 진술문 작성

문제 진술문Problem Statement은 사용자가 경험하는 핵심 문제를 명확히 기술한 문장으로 디자인의 목표와 해결 방향을 구체화하는 역할을 한다. 문제 진술문을 작성할 때는 "A(사용자 유형)가 B(문제 상황)에서 C(해결해야 할 필요)"를 느낀다와 같은 형식으로 구체적인 목표를 정의한다. 예를 들어 "바쁜 직장인들이 매일 일정을 효율적으로 관리할 수 있는 직관적인 도구가 필요하다"와 같은 문장을 통해 팀은 해결해야 할 문제를 명확히 인식하고 일관된 방향을 설정할 수 있다.

○ 사용자 여정 지도화

사용자 여정 지도User Journey Map는 사용자가 특정 문제를 해결하거나 목표를 달성하기 위해 거치는 단계별 과정을 시각화한 지도이다.

이를 통해 사용자가 처음 접한 시점부터 종료하는 순간까지의 과정을 분석하여, 불편함을 느끼는 특정 지점이나 개선할 부분을 찾아낼 수 있다. 예를 들어, 온라인 쇼핑몰의 사용자 여정을 분석할 때 사용자가 사이트 방문, 제품 검색, 장바구니 추가, 결제, 배송 확인 등의 단계를 거치면서 느끼는 감정과 만족도를 파악한다.

여정 지도는 문제 해결의 맥락을 이해하고, 솔루션 설계 시 사용자 경험을 최적화하는데 중요한 역할을 한다.

3.

공감이 만든
성공적 Design Thinking 사례

▎ I사 쇼핑 카트, 혁신을 이끈 성공 사례

Design Thinking의 공감 단계를 성공적으로 활용한 대표적인 사
례로 디자인 컨설팅 회사인 I사의 '쇼핑 카트 혁신' 프로젝트가 있다.

이 프로젝트는 사용자와의 깊은 공감을 바탕으로 기존 쇼핑 카트
의 문제점을 식별하고, 사용자의 필요와 편의성을 고려하여 혁신적인
솔루션을 도출한 사례로, Design Thinking의 공감 프로세스를 실제
로 적용한 훌륭한 사례이다.

○ 프로젝트 배경과 문제 인식

기존 쇼핑 카트는 오랜 기간 동안 기본적인 디자인과 기능이 거의
변화하지 않은 상태로 유지되어 왔다. 하지만 I사는 쇼핑 카트가 이동
의 불편함, 도난 문제, 안전성 미흡, 불편한 물건 정리 등 여러 문제를

안고 있다는 점에 주목했다. 이 문제들을 해결하기 위해 I사는 쇼핑 카트 사용자들에 대한 깊은 이해와 공감을 기반으로 접근해야 한다고 판단했다.

○ 공감 단계의 적용 _{사용자 조사와 문제 발견}

I사는 쇼핑 카트가 단순한 운반 도구가 아니라, 쇼핑 경험 전체에 영향을 미치는 중요한 요소임을 인식하고, 사용자 중심의 접근을 통해 개선점을 찾기 위하여 다음과 같이 진행하였다.

① 현장 관찰 : 사용자가 슈퍼마켓에서 쇼핑하는 과정을 직접 관찰하여 카트를 사용하는 방식, 불편함을 느끼는 순간, 주의 깊게 다루는 물건 등을 파악했다. 이 과정에서 쇼핑 중 카트 이동의 불편함, 카트에 물건을 쌓는 방식, 아이를 동반한 부모의 카트 사용법 등을 세세하게 기록했다.

② 사용자 인터뷰 : 쇼핑 경험에 대한 사용자와의 인터뷰를 통해, 사용자가 직접 겪는 어려움과 카트에 대한 불만을 수집했다. I사는 다양한 연령대와 라이프스타일을 가진 사용자들을 대상으로 인터뷰하여 쇼핑 카트가 어떻게 사용되는지와 그 과정에서 어떤 불편이 생기는지에 대해 깊이 있는 통찰을 얻었다.

③ 공감 맵 작성 : 수집된 사용자 인터뷰와 관찰 데이터를 바탕으로 공감 맵을 작성하여 사용자가 쇼핑 카트에 대해 생각하는 것, 느끼는 것, 말하는 것, 행동하는 것을 시각화했다. 이를 통해 사용자의 경험을 종합적으로 이해할 수 있었다.

이 과정에서 I사는 쇼핑 카트가 단순한 운반 수단에 그치지 않고, 사용자 경험의 핵심 요소라는 점을 발견했다.

카트의 안전성, 이동의 용이성, 수납 구조 등 다양한 측면에서 개선이 필요하다는 인사이트를 얻게 되었다.

○ 문제 정의 및 아이디어 발상

I사는 공감 과정에서 도출한 사용자 통찰을 바탕으로 쇼핑 카트의 안전성, 효율성, 편리성이라는 세 가지 주요 문제로 정의했다. 특히 사고의 위험성, 물건 정리의 번거로움, 물건을 찾기 위한 이동 경로의 불편함에 초점을 맞추어 개선 방향을 설정했다.

이후 아이디어 발상 단계에서 I사는 사용자 피드백을 반영한 여러 가지 혁신적인 아이디어를 도출했다. 다양한 브레인스토밍과 프로토타입 실험을 통해 안전성과 편의성을 갖춘 새로운 쇼핑 카트 디자인 아이디어들이 제안되었다.

○ 프로토타입과 테스트

I사는 공감 과정에서 얻은 통찰과 정의된 문제를 반영하여 몇 가지 주요 특징을 갖춘 쇼핑 카트 프로토타입을 제작했다. 새로운 디자인 요소에는 다음과 같은 기능이 포함되었다.

① **모듈형 바구니** : 사용자들이 물건을 쉽게 꺼내고 정리할 수 있도록, 기존의 하나의 큰 바구니 대신 모듈형 바구니를 도입했다. 각각의 모듈형 바구니는 이동과 수납이 용이하며, 물건 정리와 구분이 쉽게 디자인되었다.

② **안전성을 높인 구조** : 카트의 핸들 부분을 개선하고 안정성을 강화하여 사용자, 특히 아이를 동반한 부모가 더 안전하게 사용할 수 있도록 설계했다. 이를 통해 카트의 흔들림을 줄이고 사용자 경험을 개선했다.

③ **편리한 이동성** : 바퀴의 회전성을 높여 사용자가 좁은 공간에서도 쉽게 이동할 수 있도록 설계했다.

○ **사용자 테스트 및 반복 개선**

I사는 이러한 프로토타입을 여러 차례의 사용자 테스트를 통해 검증하고 개선했다. 테스트 과정에서 사용자는 새로운 쇼핑 카트의 편리함과 안전성을 긍정적으로 평가했다. 추가로 도출된 피드백을 통해, 모듈형 바구니의 크기와 카트의 전체적인 무게 조절, 핸들 높이 등을 조정하는 등 세부적인 개선 작업이 반복되었다.

○ **결과와 성공 요소**

이 프로젝트를 통해 I사는 기존의 쇼핑 카트 디자인을 사용자 중심으로 새롭게 혁신하는데 성공했다. 사용자와의 공감을 통해 문제를 명확히 이해하고, 사용자 피드백을 반영한 반복적인 테스트와 개선을 통해 최종 솔루션을 완성했다.

이 사례는 Design Thinking에서 공감의 중요성과 그 과정에서 얻은 사용자 통찰이 제품 개선과 혁신의 출발점이 될 수 있음을 잘 보여준다. I사의 쇼핑 카트 혁신 사례는 Design Thinking의 공감 단계가 단순한 사용자 조사를 넘어 진정한 문제 이해와 솔루션 개발의 기초가 된다는 것을 증명하는 대표적인 성공 사례로 꼽힌다.

Design Thinking은 사용자가 실제로 필요로 하는 솔루션을 창출하는데 중점을 두고 있다. 피드백 루프는 초기 구상 단계부터 사용자의 목소리를 반영하여, 최종 결과물이 사용자 요구를 충실히 반영하고 사용자에게 실질적인 가치를 제공할 수 있도록 돕는다. 이로 인해 사용자는 자신이 고려된 경험을 하게 되며, 제품이나 서비스에 대한 만족도와 신뢰감이 높아진다.

제3장

아이디어 발상에서
프로토타입과 테스트까지 :
Design Thinking의 혁신적 프로세스

1.

창의의 시작,
아이디어 발상

▌창의적 도약의 시작, 아이디어 발상의 여정

아이디어 발상은 문제를 해결하기 위한 창의적인 솔루션을 탐색하고 구체화하는 과정으로, Design Thinking의 핵심 단계 중 하나이다. 이 과정은 다양한 아이디어를 폭넓게 생성하여 문제 해결의 가능성을 확장하는데 초점이 맞춰져 있다. 아이디어 발상을 위한 다양한 창의적 도구를 활용하며, 팀원 간 자유롭고 열린 소통을 통해 새로운 아이디어를 발굴한다. 이 단계에서 가장 중요한 원칙은 비판 없이 다양한 아이디어를 수용하는 것이다. 아이디어의 품질보다는 양을 강조하여 가능한 많은 솔루션을 생성한 후, 이를 조합하거나 변형하여 더 나은 방향으로 발전시키는 과정을 거친다.

이러한 접근은 개개인의 독창적 생각뿐만 아니라, 팀원들 간 다양한 관점을 융합하여 혁신적인 결과를 도출할 가능성을 높인다.

아이디어 발상은 단순히 아이디어를 생성하는데 그치지 않고, 그 아이디어가 사용자 요구를 충족시킬 수 있는지 평가하는 과정을 포함한다. 생성된 아이디어들은 실현 가능성, 혁신성, 사용자

그림 **임현석**

중심성 등을 고려하여 검토되며, 가장 적합한 솔루션이 선택된다. 이 과정을 통해 도출된 아이디어는 이후 프로토타이핑과 테스트 단계로 이어져, 실질적인 문제 해결로 발전하게 된다.

아이디어 발상을 위한 창의적 기법

○ 브레인스토밍

브레인스토밍Brainstorming은 가장 잘 알려진 아이디어 발상 기법으로, 자유롭게 아이디어를 나누고 그 아이디어의 확장 및 발전을 시도하는 방법이다. 이 과정에서 참가자들은 가능한 한 많은 아이디어를 제시하고, 다른 사람의 아이디어를 비판하거나 평가하지 않는다.

중요한 원칙은 "양보다 질"보다는 "양"이 우선시되며, 가능한 많은 아이디어를 도출해 내는 것이 목표이다. 이후 나온 아이디어들을 조합하거나 발전시켜 실현 가능한 솔루션을 찾는다.

- **비판하지 않기** : 참가자들은 아이디어를 즉시 평가하거나 비판하지 않는다.
- **아이디어 수집** : 가능한 많은 아이디어를 제시한다.
- **아이디어 연결** : 하나의 아이디어에서 다른 아이디어로 이어질 수 있는 연결고리를 찾는다.
- **기발한 아이디어 환영** : 예상치 못한 혁신적인 아이디어를 환영한다.

○ SCAMPER 기법

SCAMPER는 기존의 아이디어나 제품을 변형하여 새로운 아이디어를 도출하는 기법으로, 7가지 질문을 통해 창의적인 아이디어를 촉진한다. 기존 아이디어를 다양한 관점에서 바라보고 변형할 수 있는 좋은 방법으로 창의적인 아이디어를 끌어내는데 유용하다.

- **Substitute**대체하기 :
  기존의 아이디어나 요소를 다른 것으로 대체할 수 있을까?
- **Combine**결합하기 :
  서로 다른 아이디어나 요소를 결합하여 새로운 아이디어를 만들 수 있을까?
- **Adapt**적응하기 :
  기존 아이디어를 다른 상황에 적응시키거나 적용할 수 있을까?
- **Modify**변경하기 :
  기존의 아이디어나 요소를 변경하거나 확대하여 개선할 수 있을까?
- **Put to another use**다른 용도로 사용하기 :
  아이디어나 요소를 다른 방식으로 활용할 수 있을까?

- **Eliminate**제거하기 :

  아이디어에서 불필요한 요소를 제거할 수 있을까?
- **Rearrange**재구성하기 :

  아이디어의 구조나 순서를 바꾸어 새롭게 변형할 수 있을까?

○ 마인드 맵

마인드 맵Mind Mapping은 주제를 중심으로 관련된 아이디어나 생각을 시각적으로 확장하여 나타내는 기법이다. 이 기법은 주제를 중점으로 아이디어를 자유롭게 확장해 나가며, 각 아이디어가 서로 어떻게 연결되고 발전할 수 있는지 쉽게 파악할 수 있도록 돕는다. 마인드 맵은 시각적인 구조 덕분에 팀원들이 서로의 아이디어를 빠르게 이해하고, 다양한 해결책을 직관적으로 탐색하는데 유리하다.

- 중심 주제 설정(예 : 사용자 경험 개선)
- 주제에 관련된 하위 주제나 아이디어를 분기하여 작성
- 각 아이디어의 세부적인 내용, 가능한 해결책, 아이디어 확장을 이어가
  며 시각적으로 정리

○ 역 브레인스토밍

역 브레인스토밍Reverse Brainstorming은 일반적인 브레인스토밍과 반대로, 문제를 해결하는 방법을 찾는 대신, 문제를 더 악화시키거나 유발할 수 있는 아이디어를 찾아내는 기법이다. 역 브레인스토밍을 통해, 문

제를 해결하기 위해 피해야 할 요소나 행동을 명확히 하고, 그로부터 긍정적인 해결책을 도출할 수 있다. 이 기법은 기존의 사고방식에서 벗어나 문제를 새로운 시각으로 바라볼 수 있게 해준다.

- 해결책을 찾기 위해 문제를 악화시킬 수 있는 방법을 생각한다.
- 발생된 부정적 아이디어들을 바탕으로, 문제를 해결하는 방법을 찾아낸다.

○ 5Whys

5Whys 기법은 문제의 근본 원인을 찾기 위해 "왜?"라는 질문을 다섯 번 반복하는 기법이다. 각 질문을 통해 문제의 표면적인 원인에서부터 더 깊은 본질적인 원인에 도달할 수 있다. 이 방법은 문제를 해결하기 위한 더 명확한 아이디어를 도출하는데 유용하다.

- **문제** : 사용자가 모바일 A앱을 자주 종료한다.
- **왜1** : A앱이 너무 느리다.
- **왜2** : B서버 속도가 느리다.
- **왜3** : B서버의 데이터 처리 용량이 부족하다.
- **왜4** : B서버의 트래픽 용량을 최적화하지 않았다.
- **왜5** : B서버 업그레이드를 고려하지 않았다.
- 이 과정을 통해, 문제의 근본 원인이 서버의 최적화 부족이라는 사실을 파악하고, B서버 업그레이드 아이디어를 도출할 수 있다.

○ 브레인라이팅

브레인라이팅Brainwriting은 브레인스토밍과 비슷하지만, 아이디어를 직접 말하는 대신, 종이에 적어내는 기법이다. 각 참가자는 주어진 시간 동안 자신이 생각한 아이디어를 종이에 쓰고, 이를 돌아가면서 다른 사람들이 추가하거나 개선할 수 있도록 하는 방식이다.

이 방법은 말하기에 부담을 느끼는 사람들도 참여할 수 있게 하며, 아이디어의 다양성을 높이는데 효과적이다.

- 첫 번째 참가자가 "온라인 쇼핑몰의 결제 과정 단순화" 아이디어를 적는다.
- 두 번째 참가자는 그 아이디어를 보고 "결제 옵션을 줄이고, 페이팔을 추가하면 좋겠다"는 아이디어를 추가한다.
- 세 번째 참가자는 "결제 과정에서 자동 배송 주소를 채워주는 기능을 추가"라고 작성한다.
- 이 방식은 소통이 원활하게 이루어지지 않더라도 모든 사람이 아이디어를 제시할 수 있도록 돕는다.

○ 제약을 통한 창의성

제약을 통한 창의성Constraints and Creativity 기법은 특정 제약 조건을 설정하여 아이디어를 발상하는 방법이다.

제약을 두면, 제한된 자원이나 환경 내에서 문제를 해결하려는 창의적 사고가 촉진된다. 예를 들어 시간, 예산, 기술적 제약 등을 설정하여 그 범위 내에서 해결책을 찾는다.

- 만약 예산이 제한적인 경우, "100만 원 이하로 모바일 앱의 사용자 경험
  을 개선하는 방법"을 도출할 수 있다.
- 이 제약을 통해 저비용의 UX/UI 개선책을 생각해내게 된다.

▌ 아이디어 발상의 가치를 평가하는 방법

○ **아이디어 매트릭스**Idea Matrix

아이디어 매트릭스는 각 아이디어의 실행 가능성, 혁신성, 사용자의
요구 충족 여부 등을 기준으로 평가하는 방법이다. 예를 들어, 다음
과 같은 기준을 설정할 수 있다.

- **실행 가능성** : 현재 자원과 시간 내에 실행할 수 있는지 여부
- **혁신성** : 기존의 해결책과 얼마나 다른지
- **사용자 충족도** : 사용자가 이 아이디어를 통해 문제를 잘 해결할 수 있는지

이러한 기준을 x축과 y축으로 두고 아이디어를 매트릭스에 배치하
면, 상대적으로 우선순위가 높은 아이디어를 쉽게 파악할 수 있다. 실
행 가능성은 높고, 사용자 충족도도 높은 아이디어가 최우선으로 고
려된다.

○ 2×2 매트릭스 평가 2×2 Matrix Evaluation

Design Thinking에서 자주 사용하는 2×2 매트릭스는 실행 가능성과 영향력, 혁신성과 사용자 가치 등의 기준을 조합하여 평가한다. 아이디어를 다음 네 가지 사분면에 배치해 볼 수 있다.

- **고효과&고실행성** : 바로 실행 가능한 강력한 아이디어
- **고효과&저실행성** : 높은 가능성이 있으나 실행하기 어려운 아이디어
- **저효과&고실행성** : 쉽게 실행할 수 있지만 효과가 적은 아이디어
- **저효과&저실행성** : 우선순위가 가장 낮은 아이디어

각 아이디어가 어느 사분면에 위치하는지 확인하면, 팀원들이 전략적으로 아이디어를 검토하고 실행 가능성을 높이는데 도움이 된다.

○ 무작위 투표 Dot Voting

팀원들이 아이디어에 대해 투표를 하여 선호도를 시각적으로 확인하는 방법이다.

각 팀원은 모든 아이디어에 일정 수의 점dot을 찍어 투표할 수 있으며, 가장 많은 점을 받은 아이디어가 높은 우선순위를 가지게 된다. 이 방법은 빠르게 아이디어의 선호도를 파악하고 직관적으로 결정을 내리는데 유용하다.

○ 아이디어 피치 및 토론 Idea Pitching & Discussion

팀원들이 각자 제안한 아이디어를 간단히 발표하며, 이를 바탕으로 아이디어의 가능성과 한계를 함께 검토한다. 팀원들은 각자의 아이디어를 청중의 입장에서 명확히 이해할 수 있도록 간결하고 설득력 있게 설명하며, 이를 통해 모든 팀원이 제안의 본질과 목적을 파악할 수 있도록 한다. 발표 후에는 각 아이디어의 장단점과 개선 방향에 대해 심도 있는 토론이 진행된다. 이 과정에서 팀원들은 아이디어의 혁신성과 실행 가능성, 그리고 사용자 요구 충족 여부를 중심으로 검토하며, 서로의 의견을 자유롭게 공유한다. 다양한 배경과 관점을 가진 팀원들의 피드백은 한 아이디어의 잠재력을 극대화하고, 예상치 못한 새로운 방향을 제시하는데 도움을 준다.

이를 통해 아이디어는 보다 구체적이고 실행 가능한 형태로 다듬어지며, 팀 전체가 공감할 수 있는 솔루션으로 자리 잡는다.

○ ICE 점수 매기기 ICE Scoring

ICE Impact, Confidence, Ease 스코어링은 각 아이디어에 대해 영향력 Impact, 확신 Confidence, 용이성 Ease 을 기준으로 점수를 매겨서 평가하는 방식이다.

각 요소를 1~10점 사이로 점수화하고, 세 점수를 곱해 총점을 계산한다. 이 방법을 통해 빠르고 명확하게 우선순위를 정할 수 있다. 높은 점수를 받은 아이디어는 우선적으로 검토할 가치가 높다.

2.

프로토타입 제작과
실험의 과정

▎혁신의 열쇠, 프로토타입의 중요성

프로토타입은 Design Thinking 과정에서 중요한 역할을 한다. 이는 아이디어를 시각화하고, 구체적인 형태로 구현하여 실제 사용자와 테스트할 수 있는 초기 모델을 만들어가는 과정이다.

프로토타입을 제작하는 이유는 단순히 아이디어를 실현하는 것뿐만 아니라, 사용자의 피드백을 통해 아이디어를 개선하고 실제 사용자 경험을 확인하기 위함이다. 프로토타입은 반복적인 개선과 실험을 통해 최적의 해결책으로 발전할 수 있다.

○ 아이디어 시각화

프로토타입은 추상적인 아이디어를 구체적이고 실질적인 형태로 전환하는 도구로, 팀원과 이해관계자들에게 아이디어를 명확히 전달하는데 핵심적인 역할을 한다. 스케치, 3D 모델 등 다양한 형태로 구현된 프로토타입은 아이디어가 실제로 어떻게 구현될 수 있을지 시각적으로 보여준다.

이를 통해 아이디어의 작동 방식과 사용자 경험이 구체적으로 드러나며, 아이디어의 잠재력을 효과적으로 검토할 수 있다.

○ **실험과 피드백**

프로토타입을 사용하면 실제 사용자들로부터 생생한 피드백을 받을 수 있다. 사용자 테스트를 통해 아이디어가 얼마나 효과적인지, 어느 부분에서 사용자가 불편함을 느끼는지를 확인할 수 있다.

이 과정은 단순히 아이디어의 성공 여부를 평가하는 것을 넘어, 문제점을 발견하고 개선 방안을 도출하는데 중요한 기회를 제공한다. 특히, 사용자 경험을 직접 관찰함으로써 표면에 드러나지 않은 니즈와 잠재적 문제를 파악할 수 있다.

○ **위험과 비용 절감**

완성된 제품을 출시하기 전에 프로토타입을 통해 문제를 사전에 발견하면 리소스 낭비를 크게 줄일 수 있다.

초기 단계에서 오류를 수정하는 것은 최종 제품을 완성한 후의 수정보다 훨씬 비용과 시간이 덜 소모된다.

또한, 사전 검증 과정을 통해 예상치 못한 리스크를 줄이고, 보다 완성도 높은 제품을 개발할 수 있다. 이는 최종 사용자에게 더 나은 경험을 제공하는데 기여한다.

○ 커뮤니케이션 도구

프로토타입은 팀 내 협업과 의사소통을 원활하게 하는 강력한 도구이다. 추상적인 개념에 대해 논의하기 어려운 상황에서도, 프로토타입은 구체적인 형태를 제공함으로써 팀원들 간 아이디어를 쉽게 공유하고 검토할 수 있도록 돕는다. 이를 바탕으로 팀원들은 개선 사항을 제안하거나 의견을 통합하여 아이디어를 더욱 발전시킬 수 있다. 또한, 이해관계자와의 소통에서도 프로토타입은 아이디어의 가치를 직관적으로 보여주는 역할을 한다.

▌다양성으로 빛나는 프로토타입의 종류

○ 저해상도 프로토타입Low-Fidelity Prototype

저해상도 프로토타입은 주로 아이디어를 빠르게 시각화하고, 큰 구조나 흐름을 이해하는데 초점을 맞춘다. 이 프로토타입은 빠르게 만들 수 있고, 사용자의 초기 반응을 통해 기본적인 아이디어의 효과성 또는 문제를 파악할 수 있다. 저해상도 프로토타입은 주로 기능적 완성도가 낮고, 형태나 흐름에 대한 초기 실험을 위한 도구로 사용된다.

- **목적** : 빠르게 아이디어를 시각화하고, 사용자의 반응을 얻기 위한 도구
- **제작 도구** : 종이, 종이 카드보드, 포스트잇, 간단한 스케치, 목업
- **특징** : 빠르고 저렴하게 제작, 아이디어나 흐름을 실험, 디자인 세부 사항에 신경 쓰지 않음
- **사용 예시** : 앱 화면 흐름을 나타내는 스케치, 웹사이트나 서비스의 간단한 플로우 다이어그램, 종이로 만든 초기 화면

○ **고해상도 프로토타입**High-Fidelity Prototype

고해상도 프로토타입은 제품의 실제 사용자 인터페이스와 경험을 실험할 수 있는 완성도 높은 프로토타입이다. 이 프로토타입은 사용자가 실제로 상호작용할 수 있도록 디자인과 기능이 잘 구현되어 있으며, 최종 제품에 가까운 형태를 갖추고 있다. 주로 사용자 경험UX과 인터페이스UI 테스트를 목적으로 사용된다.

- **목적** : 실제 사용자 경험을 실험하고, 세부적인 디자인 요소와 인터랙션을 테스트
- **제작 도구** : 디지털 프로토타입 툴, 웹/앱 디자인 소프트웨어
- **특징** : 고급 디자인, 인터랙티브 기능 구현, 사용자의 실제 사용 경험을 평가
- **사용 예시** : 실제 앱 디자인과 화면 흐름을 구현한 모바일 프로토타입, 웹사이트의 기능적 인터페이스, 사용자 인터랙션이 포함된 디지털 플랫폼

○ 종합적 프로토타입Composite Prototype

　종합적 프로토타입은 저해상도와 고해상도의 특성을 결합한 형태로, 다양한 기능을 실험할 수 있는 다층적 모델을 제공한다.

　이 프로토타입은 제품의 다양한 부분을 실험할 수 있도록 결합된 방식으로 제품의 전체적인 체험을 이해하는데 유용하다. 예를 들어 앱의 특정 화면은 저해상도 프로토타입으로 제작하고, 전체적인 사용자 흐름이나 인터페이스는 고해상도로 실험할 수 있다.

- **목적** : 다양한 수준의 세부 사항을 동시에 실험하고 통합된 사용자 경험을 평가
- **제작 도구** : 저해상도 도구종이, 스케치와 고해상도 도구디지털 툴 결합
- **특징** : 각기 다른 요소를 조합하여 다층적 실험 가능, 다양한 피드백을 통해 제품의 총체적 효과 평가
- **사용 예시** : 특정 화면은 종이로 구현하고, 전반적인 앱 흐름은 디지털 프로토타입으로 테스트

○ 상호작용 프로토타입Interactive Prototype

　상호작용 프로토타입은 사용자가 실제로 인터페이스와 상호작용할 수 있도록 설계된 프로토타입이다. 고해상도 프로토타입에 상호작용 요소가 결합되어, 사용자 테스트와 피드백을 얻을 때 중요한 역할을 한다. 이 프로토타입은 실제 제품의 동작을 시뮬레이션하여, 사

용자가 실제로 어떻게 경험할지를 테스트할 수 있도록 해준다.

- **목적** : 사용자가 인터페이스와 직접 상호작용하는 방식으로 제품을 평가
- **제작 도구** : 프로토타입 툴
- **특징** : 동적 요소와 피드백을 구현, 기능의 실행과 반응을 실험
- **사용 예시** : 버튼 클릭, 화면 전환 등의 기능을 포함한 상호작용 가능 앱

○ 서비스 프로토타입Service Prototype

서비스 프로토타입은 물리적 제품뿐만 아니라 서비스의 프로세스, 흐름, 상호작용을 시각화하고 실험하는 모델이다. 서비스 디자인에서 사용되는 이 프로토타입은 실제 사용자와의 상호작용을 중심으로 서비스의 흐름과 경험을 평가할 수 있도록 해준다.

예를 들어, 고객이 서비스를 이용하는 전체 경험을 프로토타입으로 구현하여, 서비스 제공자의 경험과 고객의 경험을 동시에 개선하는데 집중한다.

- **목적** : 서비스 제공 과정의 흐름과 상호작용을 실험하고 개선
- **제작 도구** : 서비스 맵, 역할극, 고객 여정 맵
- **특징** : 물리적 프로토타입이 아닌, 서비스 흐름에 중점을 두고 실험, 비즈니스 모델 및 고객경험 설계
- **사용 예시** : 고객 서비스 여정이나 프로세스 플로우를 역할극을 통해 테스트하거나, 서비스 단계별 경험을 시뮬레이션

▎사용자 피드백으로 완성하는 프로토타입

Design Thinking에서 프로토타입은 아이디어를 현실화하고 사용자 경험을 테스트하는 중요한 도구이다. 그러나 초기 프로토타입은 미완성 형태로 사용자와의 상호작용 속에서 개선되어야 한다.

사용자 피드백을 반영한 프로토타입 개선은 '피드백-분석-수정'의 반복적인 순환을 통해 이루어지며, 이를 통해 최종 제품의 완성도를 높이고 사용자 중심의 설계를 실현할 수 있다.

○ 피드백 수집

사용자의 피드백을 수집하는 단계에서는 사용자들이 실제 사용 상황에서 겪는 경험을 심층적으로 파악하는 것이 핵심이다. 다양한 피드백 수집 방법을 활용하여 사용자들이 프로토타입을 통해 얻은 인사이트를 수집한다.

- **사용자 인터뷰** : 개별 사용자와 심층 인터뷰를 진행하여 제품에 대한 반응, 기대, 문제점을 파악한다. 인터뷰를 통해 사용자의 정성적 반응을 듣고, 사용자 경험에 대한 깊이 있는 이해를 얻을 수 있다.
- **설문 조사** : 사용자 대상을 확장하고 피드백을 구조화하는데 유용한 방법이다. 특정 기능에 대한 선호도, 사용성 만족도 등 양적 데이터를 통해 다양한 의견을 수집한다.

- **사용성 테스트** : 프로토타입을 실제로 사용하는 과정을 관찰하여 사용자들이 어디에서 어려움을 느끼는지 직접 확인한다. 사용성 테스트에서는 사용자 행동을 면밀히 관찰하고, 특정 기능이나 인터페이스 요소에 대한 문제점을 찾아낸다.

피드백 수집 시, 단순히 사용자의 의견을 듣는 것뿐 아니라, 행동을 통해 경험의 맥락과 사용 패턴을 깊이 이해하는 것이 중요하다.

○ **피드백 분석**

피드백을 수집한 후에는 이를 분석하여 중요한 인사이트를 도출한다. 피드백을 분석하는 과정에서는 여러 사용자에게 반복적으로 나타나는 문제나 주요 개선 요청을 찾아내는 것이 중요하다.

- **문제 도출** : 피드백에서 공통된 문제를 발견하고 우선순위를 설정한다. 예를 들어, 여러 사용자가 특정 버튼의 위치나 크기에 불편함을 느낀다면, 해당 문제를 중요한 개선 사항으로 간주하고 우선적으로 해결해야 한다.
- **카테고리화** : 피드백을 주요 주제별로 그룹화하여, 어떤 부분에서 사용자 경험이 긍정적이고, 어떤 부분에서 개선이 필요한지 명확히 정리한다. 이를 통해 피드백을 체계적으로 관리하고 향후 수정 방향을 설정할 수 있다.
- **우선순위 결정** : 피드백을 분석하면서 중요한 문제와 덜 중요한 문제를 구분한다. 일반적으로 사용자에게 큰 불편을 주거나 사용성에 중대한

영향을 미치는 피드백을 최우선으로 해결한다. 예를 들어, 인터페이스의 흐름을 방해하는 요소는 높은 우선순위로 다루고, 디자인과 같은 시각적 요소는 우선순위를 낮출 수 있다.

○ 프로토타입 수정 및 개선

피드백 분석을 통해 확인된 문제와 개선 사항을 바탕으로 프로토타입을 수정한다. 이 과정은 사용자의 경험을 개선하기 위해 디자인, 기능, 인터페이스 등 다양한 요소를 조정하는 반복적인 과정이다.

- **디자인 개선 :** 사용자가 특정 요소를 쉽게 인식하고 상호작용할 수 있도록 버튼의 위치, 크기, 색상 등을 조정한다. 사용자의 시각적, 물리적 인지 과정을 고려해 직관적인 디자인을 적용한다.
- **기능 추가/조정 :** 피드백을 반영하여 필요한 기능을 추가하거나 기존 기능을 조정한다. 예를 들어, 사용자가 특정 기능을 찾기 어려워한다면 탐색 경로를 단순화하거나 필수 기능을 눈에 잘 띄는 곳에 배치한다.
- **사용성 개선 :** 사용자가 특정 작업을 효율적으로 수행할 수 있도록 사용자 흐름을 최적화한다. 테스트 중 문제가 발견된 페이지 전환 속도나 레이아웃을 수정하여 더 나은 경험을 제공할 수 있다.

○ 최종 프로토타입 도출

반복적인 피드백 수집과 수정 과정을 통해 최종 프로토타입이 도출된다. 최종 프로토타입은 실제 제품에 가까운 형태로, 디자인과 기능이 모두 완성된 형태여야 한다. 이 프로토타입은 출시 직전 단계에서 사용성을 최종 확인하고, 작은 디테일을 다듬기 위한 마지막 점검 대상이 된다. 최종 프로토타입은 다음과 같은 기준을 충족해야 한다.

- **사용자 요구 충족** : 사용자의 핵심 요구사항이 반영되어 있으며, 사용성 측면에서 문제가 없어야 한다.
- **기능 완결성** : 제품의 주요 기능이 모두 포함되어 있으며, 실제 사용 환경에서 무리 없이 작동해야 한다.
- **디자인 일관성** : 브랜드 이미지와 일치하는 디자인 요소와 사용자 경험을 제공하여 최종 제품이 일관된 모습을 갖출 수 있어야 한다.

이처럼 사용자 피드백을 기반으로 한 프로토타입 개선 과정은 제품의 완성도를 높이고, 사용자가 만족할 수 있는 경험을 제공하는데 필수적이다.

3.

테스트를 통한
솔루션 검증

▎끝이 아닌 새로운 시작, 반복의 중요성

테스트 단계는 Design Thinking 프로세스의 최종 단계이지만, 동시에 더 나은 솔루션을 만들어가는 새로운 출발점이기도 하다. 이 단계에서는 프로토타입을 실제 사용자에게 제공하여 그들의 반응과 경험을 관찰하고 피드백을 수집한다. 단순히 솔루션의 검증에 그치지 않고, 사용자가 솔루션을 어떻게 활용하고 느끼는지를 심층적으로 이해할 수 있는 중요한 기회이다. 이를 통해 예상치 못한 문제나 추가적으로 고려해야 할 요구 사항을 발견할 수 있다.

테스트 과정은 문제 해결의 완성을 의미하지 않는다. 오히려 사용자의 피드백을 바탕으로 솔루션을 반복적으로 수정하고 개선하는 순환적 과정의 일부이다. 사용자의 행동, 감정, 불편 요소를 세밀히 분석함으로써 디자인의 효과성을 판단하고, 초기 가설이 사용자 중심적으로 설계되었는지를 확인한다. 이러한 반복은 단순히 오류를 수정하는 것을 넘어, 솔루션의 완성도를 높이고 혁신적인 결과물을 도출하는데 필수적이다.

이처럼 테스트와 반복은 Design Thinking의 핵심 철학인 사용자 중심 접근법을 실현하는데 있어 없어서는 안 될 중요한 과정이다.

▌사용자 테스트, 성공적인 혁신의 첫걸음

사용자 테스트는 디자인이나 제품의 실효성을 검증하기 위해 실제 사용자가 프로토타입과 상호작용하도록 하는 과정이다.

이 과정에서 사용자들은 프로토타입을 사용해보고 피드백을 제공하게 되며, 이를 통해 사용성, 기능성, 그리고 사용자 경험 측면에서 개선이 필요한 부분을 식별할 수 있다. 사용자 테스트는 디자이너가 놓치기 쉬운 사용자 관점의 통찰을 제공하여 사용자 요구와 기대를 더 깊이 이해하게 해준다.

사용자 중심의 설계를 보장하기 위해 실제 사용자 경험을 바탕으로 디자인을 검증하여 사용자 요구에 부합하는 디자인을 보장한다. 문제점을 조기에 발견하기 위해 테스트를 통해 프로토타입의 결함이나 사용상의 문제점을 빠르게 식별하여 이후의 수정 비용을 절감한다.

사용자와의 이러한 상호작용을 통해 실제 사용 상황에서 디자인이 어떻게 작동하는지 확인하고, 이를 통해 전반적인 사용자 경험을 향상시킨다.

○ 사용자 중심 설계 보장

사용자 테스트를 통해 디자인을 검증함으로써 사용자 요구와 기대에 맞춘 제품을 개발할 수 있다.

사용자의 실제 경험을 반영한 피드백은 디자이너가 사용자의 관점에서 제품을 개선하는데 매우 유용하다.

○ 문제점 조기 발견

테스트 과정에서 프로토타입의 결함이나 사용성 문제를 신속히 발견함으로써, 제품 개발 과정에서 발생할 수 있는 문제를 조기에 해결할 수 있다. 문제점에 대한 조기 발견은 수정 비용을 줄이는데 큰 도움이 되며, 출시 후 사용자 불만을 최소화하는데 기여한다.

○ 사용자 경험 개선

사용자 테스트를 통해 실제 사용 상황에서 제품이 어떻게 작동하는지 확인할 수 있다. 이는 디자인이나 인터페이스의 직관성을 높이고, 사용자 편의성을 극대화하여 전체적인 사용자 경험을 개선하는데 중요한 역할을 한다.

▍사용자 테스트를 위한 효과적인 실행 기법

○ **사용자 관찰 테스트** Observation Test

　사용자가 프로토타입을 사용하는 모습을 관찰하는 방식으로, 사용자가 제품을 의도한 대로 사용하고 있는지, 인터페이스를 직관적으로 이해하는지를 확인할 수 있다. 관찰자는 사용자의 행동을 직접 보고 사용자 경험을 이해할 수 있으며, 이를 통해 예상치 못한 문제점이나 개선 사항을 발견할 수 있다.

○ **사용자 인터뷰** User Interviews

　사용자가 프로토타입을 사용한 후, 사용 경험에 대한 심층 인터뷰를 진행하여 구체적인 피드백을 수집하는 방식이다. 인터뷰에서는 사용자가 만족한 요소와 불편했던 요소를 자유롭게 이야기하도록 유도하며, 구체적인 경험에 대한 질문을 통해 개선해야 할 점을 도출할 수 있다. 예를 들어, "이 버튼을 눌렀을 때 어떤 느낌이 들었나요?"와 같은 질문을 통해 사용자 경험을 깊이 있게 파악할 수 있다.

○ **사용자 설문 조사** Surveys and Questionnaires

　사용자에게 설문지를 제공하여 경험을 구체적으로 평가하도록 하는 방법이다. 설문 조사에서는 사용성, 기능성, 만족도 등 여러 항목에 대해 수치화된 데이터를 수집할 수 있어, 많은 사용자로부터 피드백을 효과적으로 얻을 수 있다.

이를 통해 디자이너는 사용자의 일반적인 반응을 파악하고, 개선이 필요한 영역을 데이터 기반으로 결정할 수 있다.

○ A/B 테스트

서로 다른 버전의 프로토타입을 사용자에게 제공하여 반응을 비교하는 방법이다. 예를 들어, 두 가지 레이아웃이나 기능을 사용자에게 각각 테스트하고, 더 나은 반응을 얻은 쪽을 선택하는 방식이다.

A/B 테스트는 특정 디자인 요소나 기능에 대한 사용자 선호도를 확인하고, 최적의 디자인을 선택하는데 효과적이다.

○ 사용자 시나리오 테스트 Scenario Testing

사용자가 특정 시나리오에 따라 프로토타입을 사용하게 하여 실제 사용 환경을 재현하는 방법이다.

예를 들어, "사용자가 상품을 장바구니에 추가하고 결제하는 과정"이라는 시나리오를 설정하여 사용자가 해당 과정을 자연스럽게 수행할 수 있는지 평가한다.

시나리오 테스트를 통해 사용자가 문제 상황에서 어떻게 반응하고, 직관적으로 문제를 해결할 수 있는지 등을 평가할 수 있다.

▎피드백을 통해 발전하는 분석과 반복 개선

사용자 테스트가 완료된 후 수집된 피드백을 체계적으로 분석하고, 이를 바탕으로 프로토타입을 개선하는 과정이 필요하다. 이 단계에서는 피드백을 정리하고, 개선이 필요한 영역을 우선순위에 따라 분류하여 구체적인 개선 방안을 도출한다.

○ 데이터 정리

사용자로부터 얻은 피드백을 수집하여 비슷한 의견이나 공통된 문제를 카테고리화 한다. 예를 들어, 여러 사용자가 동일한 기능에 대해 불편함을 표시한다면 해당 문제를 주요 카테고리로 분류하여 집중 개선이 필요함을 강조한다.

○ 문제 정의

반복적으로 언급된 문제나 사용자에게 큰 불편을 주는 부분을 식별한다. 이를 통해 해결해야 할 중요한 문제를 명확히 정의할 수 있으며, 개선이 필요한 요소들을 우선적으로 분류한다.

○ 우선순위 설정

문제의 심각도와 사용자 경험에 미치는 영향을 고려하여 개선 순위를 설정한다. 사용성에 중대한 영향을 미치는 문제는 즉시 수정하고, 상대적으로 덜 중요한 문제는 후순위로 두어 개발 시간을 효율적으로 사용할 수 있다.

○ **프로토타입 수정**

분석한 피드백을 바탕으로 프로토타입을 개선하고, 사용자가 제안한 개선 사항이나 문제점을 반영하여 업데이트한다. 예를 들어, 인터페이스의 직관성을 높이기 위해 버튼 크기나 색상을 조정하거나, 사용자가 어렵다고 느낀 기능을 개선한다.

○ **재테스트**

수정된 프로토타입을 대상으로 다시 사용자 테스트를 진행하여 새로운 문제나 추가 개선이 필요한 부분을 확인한다. 재테스트를 통해 수정 사항이 실제로 개선 효과가 있는지 검증하고, 추가적인 개선 사항을 도출할 수 있다.

○ **연속적인 피드백 수집**

재테스트 후에도 피드백을 반복적으로 수집하여 최종 솔루션이 사용자 요구에 가장 부합하도록 점진적으로 개선한다. 이를 통해 제품이 사용자에게 최적화된 형태로 완성될 때까지 지속 발전시킨다.

┃ Design Thinking에서 피드백 루프의 혁신적 역할

　Design Thinking에서 피드백 루프는 사용자의 요구와 피드백을 반복적으로 수집하여 솔루션을 개선하는 핵심 메커니즘이다. Design Thinking의 단계들은 연속적이고 유연하며, 각 단계에서 수집된 사용자 피드백이 다음 단계의 결정에 중요한 영향을 미친다.

　피드백 루프는 아이디어 발상에서부터 프로토타입 개발과 테스트에 이르기까지, 사용자의 반응과 통찰을 디자인에 통합하여 제품이 점차 사용자 맞춤형으로 정교화되도록 한다. 이를 통해 디자인은 단순한 아이디어에 머무르지 않고, 사용자 요구를 충족하며 문제를 효과적으로 해결하는 방향으로 진화하게 된다.

　피드백 루프는 Design Thinking의 반복적이고 순환적인 구조를 통해 디자인을 점진적으로 발전시키며 사용자 경험을 개선한다. 각 피드백을 반영하여 디자인을 조정함으로써 제품은 사용자 친화적인 방식으로 발전하고, 궁극적으로는 사용자에게 가치를 제공하는 디자인이 완성된다. 이와 같은 피드백 루프는 Design Thinking에서 사용자 관점의 통찰력을 확보하고, 디자인의 방향성을 지속적으로 조정하는 핵심 요소이다.

○ **지속적인 개선과 정교화**

피드백 루프는 초기 아이디어나 프로토타입이 사용자 요구에 부합할 때까지 지속적으로 개선되도록 한다. 피드백을 기반으로 제품이나 서비스의 기능, 사용성, 디자인 요소 등을 반복적으로 수정하여, 초기 단계의 단순한 아이디어가 최종적으로는 높은 완성도의 제품으로 발전한다. 각 피드백은 문제 해결의 실마리가 되고, 디자인은 사용자와의 상호작용 속에서 점차 정교해진다.

○ **사용자 중심 설계 실현**

Design Thinking은 사용자가 실제로 필요로 하는 솔루션을 창출하는데 중점을 두고 있다. 피드백 루프는 초기 구상 단계부터 사용자의 목소리를 반영하여, 최종 결과물이 사용자 요구를 충실히 반영하고 사용자에게 실질적인 가치를 제공할 수 있도록 돕는다.

이를 통해 사용자는 자신이 고려된 경험을 하게 되며, 제품이나 서비스에 대한 만족도와 신뢰감이 높아진다.

○ **유연성과 적응력 향상**

초기 디자인 계획이 사용자 피드백에 따라 점차 수정되면서 유연한 대응이 가능해진다. 예를 들어, 사용자 테스트에서 특정 기능에 대한 불편함이 확인된다면, 이 문제를 해결하기 위해 디자인을 변경하거나,

새로운 솔루션을 추가하는 방식으로 적응해 나갈 수 있다.

이를 통해 피드백 루프는 단순한 수정 작업을 넘어 사용자 경험을 최적화하는 유연한 접근을 지원하게 된다.

○ 문제 해결의 심층적 접근

피드백 루프는 단순히 겉으로 드러나는 문제를 해결하는 것을 넘어, 사용자 경험 전반에 내재된 심층적 문제를 파악하는데 중요한 역할을 한다.

반복적인 피드백 수집과 분석을 통해 사용자가 느끼는 불편함의 근본 원인을 발견하고, 이를 해결함으로써 더욱 강력한 솔루션을 제공할 수 있다.

Design Thinking 과정에서 피드백 루프의 단계적 적용

○ 아이디어 발상 단계에서의 피드백 수집

아이디어 단계에서는 초기 구상안에 대한 사용자 의견을 수집하여 개념을 다듬는다. 이때 얻은 피드백은 창의적 해결 방안에 대한 잠재적 가능성을 확인하는데 도움이 된다. 예를 들어, 여러 아이디어 중 사용자가 선호하는 방향이 무엇인지 확인하고, 이를 바탕으로 핵심 아이디어를 설정하는 것이다.

○ 프로토타입 단계에서의 피드백 반영

프로토타입을 통해 아이디어가 시각적·물리적으로 구현된 후, 사용자가 직접 이를 사용해보며 피드백을 제공한다. 피드백 루프를 통해 프로토타입을 개선하면서, 제품의 기능적 결함이나 불편한 사용성 문제를 초기 단계에서 해결할 수 있다. 이를 통해 비용이 큰 후반부 수정 작업을 최소화하고, 효과적인 프로토타입 개발이 가능하다.

○ 테스트 단계에서의 반복적인 피드백

통합 테스트 단계에서는 다양한 사용자 그룹으로부터 피드백을 받아 디자인의 강점과 약점을 평가하고, 최종적인 수정 작업을 진행한다. 피드백 루프를 통해 여러 차례의 테스트와 수정이 반복되면서 디자인이 점차 사용자에게 최적화된다.

최종적으로 이러한 반복적인 검증 과정을 통해 제품의 완성도를 높이고, 사용자 요구에 맞는 결과물을 도출할 수 있다.

4.

혁신을 이끈
디자인 사고의 성공 사례

▌ 헬스케어, 신생아 MRI 시스템 혁신의 성공 사례

　G사 헬스케어는 디자인 사고를 통해 신생아 및 소아 환자를 위한 MRI 시스템을 개선하여 의료 환경에서의 환자 경험을 혁신적으로 변화시켰다. G사 헬스케어는 MRI 같은 진단 장비가 아이들에게 두려움을 주고 불편한 경험을 유발한다는 점에 주목하여, 디자인 사고를 적용해 이 문제를 해결하고자 했다.

○ 공감 : 문제에 대한 깊은 이해

　MRI 기기는 소아 환자에게 특히 두려운 기계이다. G사 헬스케어는 아이들이 MRI 기기에 들어가야 할 때 공포를 느끼고, 긴장해서 검사에 협조하지 못하는 경우가 많다는 점을 발견했다. 이에 공감 단계를 통해 의료진과 부모의 이야기를 듣고, 소아 환자가 경험하는 공포와 불편함을 이해하기 위해 직접 현장을 관찰했다. 아이들은 MRI 기기의 큰 소리와 좁고 어두운 공간에서 큰 불안감을 느끼는 경우가 많았고, 이로 인해 진정제 사용이 빈번하게 이루어졌다.

○ 문제 정의 : 환자 경험 개선의 필요성

이 문제를 해결하기 위해 환자 경험을 개선할 수 있는 디자인 솔루션이 필요하다고 정의했다. G사 헬스케어는 MRI 기계의 성능을 개선하는 것뿐 아니라, 소아 환자에게 심리적으로 편안한 환경을 만들어주는 것이 핵심 목표라고 설정했다.

○ 아이디어 발상 : 공포를 완화할 수 있는 환경 디자인

G사 헬스케어는 기존 MRI 기기에서 아이들이 느끼는 공포를 줄일 방법을 고민하며 아이들이 친숙하게 느낄 수 있는 테마를 기기에 적용하는 것을 아이디어로 도출했다. 이를 통해 MRI 경험을 즐거운 모험처럼 느끼게 할 수 있다고 판단했다. 다양한 테마를 브레인스토밍한 결과, 놀이동산이나 해적선처럼 아이들이 즐겨 상상할 수 있는 테마로 MRI 기기와 검진실을 디자인하기로 했다.

○ 프로토타입 : 테마별 MRI 디자인 개발

다양한 테마를 바탕으로 소아 환자를 위한 MRI 기기 및 공간 디자인을 구상했다. 예를 들어, MRI 기기를 해적선 모험이나 우주여행 같은 테마로 장식하여, 아이들이 검사 과정을 하나의 게임처럼 느끼도록 환경을 조성했다. 검진실 벽을 테마에 맞는 그래픽으로 꾸미고, 검사 과정 중 들리는 소음을 테마에 맞게 각색하는 등 다양한 프로토타입을 만들어 실제 환자에게 테스트했다.

○ 테스트 : 환자 피드백 반영 및 개선

프로토타입을 적용한 결과, 아이들이 MRI 검사를 두려움 없이 받아들이는 사례가 늘어났다. 실제로 부모와 의료진의 피드백을 통해 더 개선할 부분을 발견하며 반복적으로 테스트하고 수정했다. 이를 통해 아이들이 긴장하지 않고 검사를 잘 마칠 수 있게 되었으며, 진정제 사용도 현저히 줄어들었다.

○ 결과와 성공 요소

G사 헬스케어는 디자인 사고를 통해 기존 의료 기기의 기능적 효율성을 넘어서, 환자 경험까지 개선할 수 있는 혁신적 솔루션을 도출했다. 소아 환자들이 MRI 경험을 긍정적으로 받아들일 수 있도록 환경을 디자인함으로써, 환자와 가족 모두에게 큰 만족을 주었다. 이 사례는 공감 단계의 중요성과 사용자 중심의 문제 해결 접근법이 디자인 사고를 통해 혁신적 변화를 이끌어낼 수 있음을 잘 보여준다.

SESSION. 3

AX/DX Thinking for
Manufacturing

DX-Six Sigma의 성공적인 구현을 위해서는 세 가지 층위의 디지털 인프라가 필요하다. 첫째, 데이터 수집 계층에서는 고성능 IoT 센서 네트워크가 구축되어야 한다. 둘째, 데이터 저장 및 처리에서는 클라우드 시스템과 엣지 컴퓨팅 환경이 조화롭게 구축되어야 한다. 셋째, 분석 및 의사결정 계층에서는 AI 플랫폼이 구축되어야 한다.

제1장
디지털 혁신 시대의 새로운 진화
DX-Six Sigma

1.

Six Sigma가 걸어온 길과
그 본질적 가치

Six Sigma는 1980년대 모토로라가 일본 기업들과의 품질 경쟁에서 승리하기 위해 개발한 혁신적인 품질경영 방법론이다. 통계학에서 표준편차를 의미하는 '시그마(σ)'를 품질 수준의 척도로 삼아, 백만 개당 3.4개 이하의 불량이라는 거의 완벽에 가까운 품질을 추구하였다. 이는 단순한 품질관리 도구를 넘어, 과학적 사고와 데이터 기반 의사결정을 통한 경영 혁신의 철학으로 발전하였다.

모토로라는 이 방법론을 통해 1988년부터 1992년까지 제품 품질을 20배 이상 개선하였으며, 제조비용을 약 14억 달러 절감하는 성과를 거두었다. 이러한 성과는 Six Sigma가 단순한 품질 개선 도구가 아닌, 기업의 전반적인 경영 성과를 혁신할 수 있는 강력한 방법론임을 입증하였다. 특히 제조 현장에서의 불량률 감소뿐만 아니라, 업무 프로세스의 효율화, 고객만족도 향상, 비용 절감 등 다양한 영역에서 그 효과가 입증되었다.

▎ 전통적 Six Sigma가 추구한 혁신의 방향

Six Sigma는 DMAIC_{Define-Measure-Analyze-Improve-Control}라는 체계적인 문제 해결 프로세스를 통해 기업의 모든 프로세스를 개선하고자 하였다. 이는 마치 의사가 환자를 진단하고 치료하는 것처럼, 기업의 문제를 과학적으로 진단하고 해결하는 방법을 제시하였다.

Define 단계에서는 고객의 요구사항을 명확히 파악하고 이를 측정 가능한 지표로 변환하는 작업을 수행한다. 이 과정에서 VOC_{Voice of Customer}를 수집하고, 이를 CTQ_{Critical to Quality}로 전환하여 프로젝트의 목표를 구체화한다.

Measure 단계에서는 현재의 프로세스 성과를 정량적으로 측정한다. 이를 위해 데이터 수집 계획을 수립하고, 데이터 수집을 위한 측정 시스템의 신뢰성을 검증하며, 프로세스의 현재 성과를 시그마 수준으로 환산한다.

Analyze 단계에서는 수집된 데이터를 통계 분석하며 문제의 근본 원인을 파악한다. 이 과정에서 가설 검정, 상관관계 분석, 회귀분석 등 다양한 통계적 기법이 활용된다.

Improve 단계에서는 분석을 통해 도출된 개선안을 실행하고 그 효과를 검증한다. 이때 실험계획법_{Design Of Experiments}과 같은 고급 통계 기법을 활용하여 최적의 개선안을 도출한다.

Six Sigma로 기업 프로세스 혁신하기

Define

고객 요구사항을 식별하고
측정 가능한 프로젝트 목표로 변환

Measure

현재 프로세스 성과를
정량적으로 평가

Analyze

통계학적 도구를 사용하여
데이터에서 근본원인을 파악

Improve

분석 결과를 바탕으로
개선조치를 실행

Control

프로세스 개선이 지속적으로
유지되도록 통제

그림 **임현석**

마지막으로 Control 단계에서는 개선된 프로세스의 성과가 지속적으로 유지되도록 관리 체계를 구축한다. 관리도 작성, 표준화된 작업 지침 수립, 교육 훈련 등이 이 단계에서 이루어진다.

2.

디지털 전환 시대가
Six Sigma에 던진 도전

▌ 데이터의 쓰나미 속에서 맞이한 새로운 모험

현대의 제조 현장은 과거와 크게 달라졌다. 수많은 IoT 센서들이 실시간으로 데이터를 생성하고, AI가 이를 분석하며, 클라우드가 이 모든 정보를 저장하고 처리한다. 스마트 팩토리 환경에서는 하나의 생산라인에서만 하루 평균 2테라바이트_{TB : Terabyte} 이상의 데이터가 생성된다. 이는 과거 한 달 이상 수집하던 데이터량을 훨씬 뛰어넘는 수준이다.

이러한 환경에서 전통적인 Six Sigma의 표본 추출 기반의 분석 방식은 심각한 한계에 직면하였다. 실시간으로 발생하는 품질 문제에 신속하게 대응해야 하는 현대 산업의 요구를 충족시키기 어렵게 된 것이다. 과거에는 주간 또는 월간 단위로 품질 데이터를 수집하고 분석하는 것이 일반적이었으나, 현대의 제조 환경에서는 실시간 모니터링과 즉각적인 대응이 필수적이다.

더욱이 데이터의 형태도 다양화되었다. 수치 데이터뿐만 아니라 이미지, 소리, 문자 등 비정형 데이터의 비중이 크게 증가하였다. 이러한 다양한 형태의 데이터를 통합적으로 분석하여 의미 있는 인사이트를 도출하는 것이 새로운 과제로 대두되었다.

고객 요구의 실시간 변화와 대응의 필요성

디지털 시대의 고객들은 더 이상 표준화된 제품에 만족하지 않는다. 개인화된 제품과 서비스를 원하며 그들의 요구사항은 실시간으로 변화한다. 예를 들어, 자동차 산업에서는 과거 연간 1~2회 정도의 모델 업데이트가 일반적이었으나, 현재는 소프트웨어 업데이트를 통해 거의 매월 새로운 기능이 추가되고 있다. 테슬라의 경우 2022년 한 해에만 24회의 소프트웨어 업데이트를 진행하였으며, 각 업데이트마다 고객 피드백을 반영한 새로운 기능들이 탑재되었다.

이러한 환경에서는 문제가 발생한 후 데이터를 수집하고 분석하는 전통적인 방식으로는 시장의 변화 속도를 따라잡을 수 없다. 고객의 불만이 SNS를 통해 실시간으로 확산되고, 이는 즉각적인 기업 가치 하락으로 이어질 수 있기 때문이다.

2023년 한 글로벌 전자제품 제조사의 사례를 보면, SNS에서 제기된 품질 문제가 해결되기까지 평균 72시간이 소요되었으며, 이 기간 동안 해당 기업의 주가는 평균 4.2% 하락하였다.

▌디지털 기술과의 융합으로 탄생한 새로운 혁신 방법론

DX-Six Sigma는 전통적인 Six Sigma의 체계적인 문제 해결 방법론에 AI, 빅데이터, IoT 등 첨단 디지털 기술을 접목한 새로운 혁신 방법론이다. DMAIC 프로세스의 각 단계가 디지털 기술과 융합되어 더욱 효과적으로 운영된다.

Define 단계에서는 AI 기반 자연어 처리 기술을 활용하여 SNS, 고객 리뷰 등의 비정형 데이터에서 VOC를 자동으로 추출한다.

Measure 단계에서는 IoT 센서를 통해 실시간으로 데이터를 수집하고, 엣지 컴퓨팅¹을 통해 즉각적인 1차 분석이 이루어진다.

Analyze 단계에서는 머신러닝 알고리즘이 대량의 데이터를 분석하여 패턴을 발견하고 이상 징후를 감지한다. 예를 들어, 반도체 제조공정에서는 딥러닝 모델이 수천 개의 공정 변수들 간의 복잡한 상관관계를 분석하여 불량 발생의 조기 경보 신호를 포착한다.

1 　엣지 컴퓨팅(edge computing)이란, 데이터를 중앙 집중식 데이터 센터나 클라우드로 보내 처리하는 대신, 데이터가 생성되는 곳 가까이에서 처리하는 분산 컴퓨팅 패러다임을 의미한다. 이는 데이터 전송 지연을 줄이고 실시간 처리가 필요한 애플리케이션에서 높은 성능과 효율성을 제공한다.

DX - Six Sigma

Define

AI를 사용하여
고객의 소리(VOC)를 추출

Measure

IOT 센서로
데이터 수집 및 분석

Analyze

머신러닝으로
데이터 패턴을 분석

Improve

디지털 트윈으로
솔루션을 시뮬레이션

Control

자동화된 시스템으로
프로세스 모니터링

그림 **임현석**

Improve 단계에서는 디지털 트윈을 활용해 가상환경에서 다양한 개선안을 시뮬레이션하고 최적의 해결책을 도출한다.

Control 단계에서는 자동화된 모니터링 시스템이 24시간 프로세스를 감시하며 이상이 감지되면 자동으로 조치가 이루어진다.

3.

DX-Six Sigma 구현의
핵심 요소들

▌ 성공적인 구현을 위한 기술적 기반

DX-Six Sigma의 성공적인 구현을 위해서는 세 가지 층위의 디지털 인프라가 필요하다.

첫째, 데이터 수집 계층에서는 고성능 IoT 센서 네트워크가 구축되어야 한다. 생산설비의 온도, 습도, 진동, 소음 등을 측정하는 센서들이 초당 수백 회의 측정값을 전송할 수 있어야 하며, 5G 네트워크를 통해 지연 없이 데이터를 전송할 수 있어야 한다.

둘째, 데이터 저장 및 처리에서는 클라우드 시스템과 엣지 컴퓨팅 환경이 조화롭게 구축되어야 한다. 엣지 컴퓨팅은 현장에서 즉각적인 분석과 대응이 필요한 데이터를 처리하며, 중요한 의사결정이나 깊이 있는 분석이 필요한 데이터는 클라우드로 전송되어 처리된다.

셋째, 분석 및 의사결정 계층에서는 AI 플랫폼이 구축되어야 한다.

이 플랫폼은 딥러닝 기반의 이상 감지, 예측 분석, 최적화 등 다양한 분석 모델을 운영할 수 있어야 하며, 분석 결과를 현업 부서가 쉽게 이해하고 활용할 수 있는 직관적인 대시보드를 제공해야 한다.

조직과 문화의 디지털 변혁

기술 인프라 못지않게 중요한 것이 조직의 디지털 역량 강화이다. 이를 위해서는 세 가지 영역에서의 변화가 필요하다.

첫째, 임직원들의 디지털 리터러시를 향상시켜야 한다. 기초적인 데이터 분석능력, AI에 대한 이해, 디지털 도구 활용 능력 등이 모든 구성원에게 요구된다. 글로벌 제조기업 GE의 경우, 전체 임직원의 85%가 기본적인 데이터 분석 교육을 이수하도록 하고 있다.

둘째, 애자일Agile 조직문화가 정착되어야 한다. 전통적인 위계적 조직구조에서는 데이터 기반의 신속한 의사결정이 어렵다. 현장에 권한 위임을 통해 데이터가 보여주는 문제점에 즉각적으로 대응할 수 있어야 한다. 도요타의 '안돈Andon' 시스템이 대표적인 예로, 품질 문제 발견 시 작업자가 즉시 생산라인을 멈출 수 있는 권한을 가지고 있다.

셋째, 부서간 협업을 촉진하는 조직 구조가 필요하다. 품질관리팀, IT팀, 현장 엔지니어링팀이 유기적으로 협력할 수 있는 매트릭스 조직 구조가 효과적이다. 마이크로소프트는 'Quality War Room'이라는

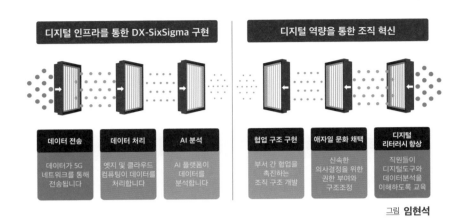

디지털 인프라를 통한 DX-SixSigma 구현			디지털 역량을 통한 조직 혁신		
데이터 전송	**데이터 처리**	**AI 분석**	**협업 구조 구현**	**애자일 문화 채택**	**디지털 리터러시 향상**
데이터가 5G 네트워크를 통해 전송됩니다	엣지 및 클라우드 컴퓨팅이 데이터를 처리합니다	AI 플랫폼이 데이터를 분석합니다	부서 간 협업을 촉진하는 조직 구조 개발	신속한 의사결정을 위한 권한 부여와 구조조정	직원들이 디지털도구와 데이터분석을 이해하도록 교육

그림 **임현석**

가상의 협업 공간을 만들어, 여러 부서의 전문가들이 실시간으로 품질 문제를 논의하고 해결방안을 도출하고 있다.

4.

미래를 향한
DX-Six Sigma의 진화

▌기술 발전이 열어갈 새로운 가능성

AI 기술의 발전은 DX-Six Sigma에 혁신적인 변화를 가져올 것으로 예상된다. 강화학습을 통한 자율적 공정 최적화는 이미 일부 기업에서 시범 적용되고 있다. 구글의 DeepMind는 데이터센터의 냉각 시스템을 AI가 자동으로 제어하도록 하여 에너지 사용량을 40% 절감하는데 성공하였다. 이러한 기술이 제조 현장에 적용되면 품질과 효율성을 동시에 최적화하는 것이 가능해질 것이다.

자연어 처리 기술의 발전은 고객 의견에 대한 분석을 더욱 정교하게 만들 것이다. 지금은 단순한 감성 분석 수준이지만, 향후에는 맥락을 이해하고 잠재된 니즈까지 파악하는 것이 가능해질 것이다. 또한 컴퓨터 비전 기술의 발전으로 육안 검사가 필요한 품질 관리 업무의 대부분이 자동화될 것으로 예상된다.

블록체인 기술은 공급망 전반의 품질 데이터 신뢰성을 높일 것이다. 원자재부터 완제품까지 모든 단계의 품질 데이터가 위변조 없이 기록되고 추적될 수 있게 된다. 이는 특히 의약품, 식품 등 안전이 중요한 산업에서 큰 의미를 가질 것이다.

▎지속가능한 혁신을 위한 제언

DX-Six Sigma의 성공적인 도입을 위해서는 단계적이고 체계적인 접근이 필요하다.

첫째, 방법론에 대한 이해를 위해 노력하는 것이 아니라 DMAIC의 각 단계에서 해야 할 것이 무엇인지 파악하는 것이 선행되어야 한다. 단, 단계별 반드시 사용되어야 하는 기법을 찾아서 적용하는 것이 아니라 각 단계에서 무엇을 해야 하는지에 맞추어 기법이 활용되어야 한다.

둘째, 명확한 성과 측정 체계가 구축되어야 한다. 기술 도입에 따른 투자수익률ROI뿐만 아니라, 품질 개선 효과, 고객만족도 향상, 업무 효율성 개선 등 다양한 측면에서의 성과를 측정할 수 있어야 한다. 정량적 지표와 함께 정성적 지표를 균형있게 관리하는 것이 중요하다.

셋째, 지속적인 학습과 개선이 이루어져야 한다. 디지털 기술은 빠르게 발전하고 있으며, 새로운 기술이 등장할 때마다 이를 효과적으로 활용할 수 있는 방안을 모색해야 한다. 정기적인 교육 프로그램 운영, 우수 사례 공유회 개최, 외부 전문가와의 협력 등을 통해 조직의 학습 역량을 강화해야 한다.

DX-Six Sigma는 단순히 전통적인 Six Sigma에 디지털 기술을 접목한 것이 아니라, 디지털 시대에 걸맞은 전혀 새로운 차원의 혁신 방법론이다. 실시간 데이터 분석과 AI 기반의 예측, 자동화된 대응이 가능한 DX-Six Sigma는 기업들이 빠르게 변화하는 시장 환경에 민첩하게 대응하면서도 높은 수준의 품질과 효율성을 유지할 수 있게 해준다.

기업 혁신의 새로운 패러다임

DX-Six Sigma는 단순한 품질 혁신의 방법론을 넘어, 기업의 디지털 혁신을 이끄는 핵심 동력이 되고 있다. 이는 다음과 같은 세 가지 측면에서 중요한 의미를 가진다.

첫째, 데이터 기반의 의사결정 문화를 정착시키는 계기가 된다. 모든 의사결정이 객관적인 데이터와 과학적 분석을 기반으로 이루어지면서 조직의 전반적인 운영 효율성이 향상된다.

둘째, 디지털 기술의 실질적인 활용 사례를 만들어낸다. AI, IoT, 빅데이터 등의 기술이 실제 비즈니스 가치 창출로 이어지는 과정을 보여줌으로써 디지털 전환에 대한 조직 구성원들의 이해와 수용도를 높인다.

셋째, 고객 중심의 품질 혁신을 가능하게 한다. 고객의 목소리를 실시간으로 수집하고 분석하여 제품과 서비스를 개선함으로써, 진정한 의미의 고객 만족을 실현할 수 있다.

▌미래를 향한 제언

DX-Six Sigma는 앞으로도 계속 진화할 것이다. 기술의 발전과 함께 새로운 가능성이 열리고, 적용 영역도 더욱 확대될 것이다. 이러한 변화의 시대에 기업들이 성공적으로 DX-Six Sigma를 활용하기 위해서는 다음과 같은 점들에 주목해야 한다.

첫째, 디지털 역량 강화에 지속적으로 투자해야 한다. 임직원들의 데이터 리터러시 향상과 디지털 기술 활용 능력 개발이 필수적이다.

둘째, 유연하고 민첩한 조직문화를 구축해야 한다. 빠르게 변화하는 환경에 대응하기 위해서는 조직의 구조와 문화도 그에 맞게 진화해야 한다.

셋째, 고객 중심의 관점을 항상 유지해야 한다. 아무리 뛰어난 기술과 시스템을 갖추더라도 궁극적으로는 고객의 만족과 가치 창출이 모든 혁신의 목표가 되어야 한다.

DX-Six Sigma는 디지털 시대의 새로운 경영 패러다임으로서 기업의 지속가능한 성장을 위한 핵심 도구가 될 것이다. 이는 단순한 방법론의 차원을 넘어 기업의 디지털 혁신을 성공으로 이끄는 나침반이 될 것이다.

앞으로도 기술의 발전과 함께 계속 진화할 DX-Six Sigma를 통해 기업들은 품질 혁신과 디지털 전환이라는 두 가지 과제를 동시에 해결해 나갈 수 있을 것이다.

문제 해결 과정에서 가장 흔히 범하는 실수는 눈앞에 보이는 현상에만 집중하는 것이다. 마치 빙산의 일각만을 보고 전체를 판단하려는 것과 같다. 예를 들어, 제품 불량이 발생했을 때 우리는 즉각적으로 작업자의 실수나 설비의 고장을 의심한다. 하지만 실제로는 작업 표준의 불명확성, 부품 공급업체의 품질 관리 체계, 심지어는 영업 부서의 무리한 납기 단축 요구가 근본 원인일 수 있다.

제2장
문제 해결의 본질을 꿰뚫는 시작점

1.

왜 모든 문제 해결의 출발점이
가장 중요한가

오늘날 기업들이 직면하는 문제들은 그 어느 때보다 복잡하고 다차원적이다. 한 생산라인에서 발생하는 품질 문제는 단순히 그 라인에만 국한된 것이 아니라, 전체 공급망과 고객만족도에까지 영향을 미친다. 이처럼 복잡하게 얽힌 문제들을 해결하기 위해서는 무엇보다 문제의 본질을 정확히 파악하고, 현상을 객관적으로 측정할 수 있어야 한다. 여기에 Define과 Measure 단계가 모든 문제 해결의 출발점이 되어야 하는 이유가 있다.

최근 한 자동차 제조사의 사례는 이를 잘 보여준다. 이 기업은 신차 출시 후 급증한 고객 불만에 대응하기 위해 즉각적으로 품질 검사를 강화하고 고객 서비스 인력을 증원했다. 하지만 문제는 해결되지 않았고 오히려 비용만 증가했다. 나중에 밝혀진 진짜 문제는 새로운 전장 부품의 소프트웨어 버그였다. Define 단계에서 문제의 본질을 제대로 파악했더라면, 보다 효과적이고 효율적인 해결이 가능했을 것이다.

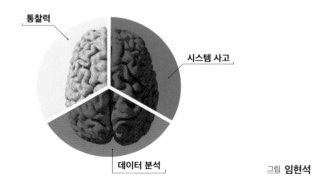

통찰력

시스템 사고

데이터 분석

▎ 우리는 왜 문제의 본질을 놓치는가

문제 해결 과정에서 가장 흔히 범하는 실수는 눈앞에 보이는 현상에만 집중하는 것이다. 마치 빙산의 일각만을 보고 전체를 판단하려는 것과 같다. 예를 들어, 제품 불량이 발생했을 때 우리는 즉각적으로 작업자의 실수나 설비의 고장을 의심한다. 하지만 실제로는 작업표준의 불명확성, 부품 공급업체의 품질 관리 체계, 심지어는 영업 부서의 무리한 납기 단축 요구가 근본 원인일 수 있다.

현대 기업들은 끊임없는 시간과의 싸움을 벌이고 있다. "빨리 빨리"라는 말이 일상이 된 조직문화 속에서, 문제가 발생하면 깊이 있는 분석 없이 즉각적인 해결책을 찾으려 한다. 한 전자제품 제조사의 경우, 신제품 출시 일정에 쫓겨 충분한 품질 검증 없이 제품을 시장에 내놓았다가 결국 대규모 리콜 사태를 겪은 바 있다. 만약 Define 단계에서 잠재적 문제점들을 체계적으로 도출하고, Measure 단계에서 철저한 검증을 거쳤다면 피할 수 있었을 것이다.

더욱 위험한 것은 과거 경험에만 의존하는 것이다. "이전에도 이런 문제가 있었는데, 그때처럼 하면 되겠지"라는 안일한 생각은 종종 더 큰 문제를 야기한다. 같은 증상이라도 그 원인은 전혀 다를 수 있다. 감기 증상이 있다고 해서 모든 환자에게 같은 처방을 하지 않는 것처럼, 각각의 문제는 고유한 맥락과 원인을 가지고 있다.

2.

문제의 본질을 꿰뚫는
새로운 접근

▍문제 정의의 예술을 배우다

기업과 조직이 직면하는 많은 문제들은 표면적으로 단순해 보인다. 하지만 문제를 해결하려면, 먼저 그 근본 원인을 올바르게 정의하는 과정이 필수적이다.

단순한 현상 기술에서 벗어나 왜 이러한 문제가 발생했는지, 그 원인이 어디에 있는지, 그리고 문제를 해결하기 위해 어떤 접근이 필요한지를 명확하게 규명해야 한다.

○ 문제의 본질을 찾아서 스마트 팩토리 사례

이 개념을 보다 구체적으로 이해하기 위해 글로벌 자동차 부품 제조사인 B사의 사례를 살펴보자.

B사는 최신 스마트 팩토리 시스템을 도입한 이후 제품의 불량률이

증가하는 문제를 겪고 있었다. 처음에는 단순히 "불량률이 증가했다"는 현상에 초점을 맞췄다. 이에 따라, 일반적인 해결책으로 품질 검사 프로세스를 강화하거나, 생산 라인의 속도를 조정하는 등의 조치를 고려했다. 하지만 이러한 조치는 문제의 표면적인 현상만을 다룰 뿐, 근본적인 원인을 해결하지 못한다는 한계가 있었다.

이에 따라 단순한 문제 정의에서 벗어나 B사는 보다 체계적인 접근을 통해 문제의 원인을 깊이 탐색하기 시작했다.

○ 심층 분석을 통한 문제의 재정의

문제의 본질을 찾기 위해 B사는 다음의 단계로 문제를 분석했다.

① 데이터 분석
- 스마트 팩토리 시스템 도입 전후의 불량률 변화 비교
- 불량이 발생하는 주요 부품과 공정을 특정
- 작업자들의 생산성과 품질 점검 데이터 검토

② 근본 원인 분석 Root Cause Analysis
- 불량이 특정 작업 단계에서 집중적으로 발생한다는 점을 발견
- 신입 직원뿐만 아니라 기존 직원들도 새로운 시스템에 적응하는데 어려움을 겪고 있음을 확인
- 스마트 팩토리 시스템을 통해 자동화와 실시간 데이터 모니터링 기능을 강화했지만, 작업자들이 품질 관리의 핵심 포인트를 놓치고 있다는 점이 문제의 핵심임을 파악

이를 통해 B사는 단순히 "불량률이 증가했다"는 문제 정의에서 벗어나 "신규 스마트 팩토리 시스템 도입 이후, 작업자들의 시스템 이해도 부족으로 인해 품질 관리 포인트가 누락되고 있다"는 보다 정확하고 근본적인 문제 정의에 도달할 수 있었다.

이 사례에서 알 수 있듯이, 문제를 정의하는 과정은 단순히 현상을 기술하는 것이 아니다. 문제의 본질을 깊이 탐색하고, 근본적인 원인을 파악하는 과정이 반드시 필요하다. 만약 B사가 처음의 단순한 문제 정의에 머물렀다면, 불량률 문제는 단기적인 개선책으로 해결되지 않았을 것이며, 장기적으로 더 큰 비용과 품질 저하 문제를 초래했을 수도 있다. 하지만 올바른 문제 정의를 통해 근본적인 해결책을 찾고 지속가능한 개선을 이끌어낼 수 있었다.

이러한 접근은 모든 산업과 조직에서 동일하게 적용될 수 있다. 단순한 현상에 초점을 맞추는 것이 아니라 근본적인 원인을 파악하고 해결하는 사고방식을 갖추는 것이 중요하다. 이를 위해서는 데이터 분석, 현장 조사, 사용자 인터뷰, 그리고 시스템적인 접근이 필수적이며, 이를 통해 보다 정교하고 효과적인 문제 해결이 가능해진다.

결국, 문제를 올바르게 정의하는 것이 혁신적인 해결책을 찾는 첫걸음이다. 퍼즐의 전체 그림을 완성하듯, 문제의 조각을 하나씩 맞춰가며 본질을 꿰뚫어보는 통찰력을 키우는 것이 AX/DX 시대에서 요구되는 필수 역량이라 할 수 있다.

▎시스템 사고로 문제를 바라보다

비즈니스 환경이 점점 더 복잡해지고 있다. 기업의 내부 프로세스뿐만 아니라 외부 공급망, 시장 환경, 글로벌 경제 변화까지도 조직의 운영에 영향을 미친다. 이러한 환경 속에서 발생하는 문제들은 단순히 개별적으로 존재하는 것이 아니라, 여러 요소가 서로 연결된 시스템 내에서 발생하며 복합적으로 얽혀 있다.

과거에는 문제가 발생하면 해당 문제의 원인을 단일 요소에서 찾고 해결하는 방식이 일반적이었다.

그러나 현대의 기업 운영 방식에서는 문제의 원인이 단순히 한 가지 요인에서 비롯되지 않고, 시스템 내 다양한 요소들이 복합적으로 작용하여 발생하는 경우가 많다.

따라서 문제를 해결하기 위해서는 단순히 한 가지 원인을 찾는 것이 아니라, 문제가 발생한 전체 맥락을 이해하고 시스템적인 시각에서 원인을 분석하는 접근 방식이 필요하다.

이러한 관점에서 시스템 사고System Thinking는 문제가 발생한 지점을 단편적으로 분석하는 것이 아니라, 문제의 근본적인 원인을 찾고 그것이 시스템 내에서 어떻게 연결되어 있는지를 파악하는 방식이다. 이를 통해 보다 근본적인 해결책을 도출할 수 있으며, 장기적으로 지속 가능한 방식으로 문제를 해결할 수 있다.

○ 시스템 사고의 필요성_{반도체 공정 사례}

한 글로벌 반도체 제조사가 특정 공정의 수율_{Yield} 저하 문제를 겪고 있었다. 처음에는 문제가 발생한 공정만을 집중적으로 분석하며 해당 공정의 장비나 작업자의 실수 여부를 점검했다. 하지만 보다 정밀한 분석을 진행한 결과, 문제의 원인은 단순히 해당 공정에서 발생한 것이 아니라, 전후 공정에서 발생한 미세한 변화들이 누적되면서 결국 특정 공정에서 문제로 표출된 것임을 발견할 수 있었다.

① 공정 간의 연결고리가 문제의 원인이 되다

반도체 제조 공정은 수백 개의 단계로 이루어져 있으며, 모든 공정이 정밀하게 맞물려야 한다. 전 공정_{Previous Process}에서의 미세한 온도 변화가 웨이퍼_{Wafer}의 화학적 반응에 영향을 주었다. 후 공정_{Next Process}에서의 추가적인 미세 가공 단계가 기존보다 더 많은 스트레스를 유발했다. 이로 인해, 결국 특정 공정에서 불량률 증가라는 형태로 문제가 나타난 것이었다. 이처럼 개별적인 공정이 아닌, 전체 공정이 하나의 유기적인 시스템으로 작동하면서 문제를 발생시킬 수 있다는 점을 간과해서는 안 된다.

② 협력업체의 품질 관리 체계도 영향을 미치다

하지만 문제는 여기서 끝나지 않았다. 시스템적으로 접근하여 문제를 더욱 확장해 분석한 결과 이 문제는 단순히 내부 공정에서 비롯된 것이 아니라, 협력업체에서 공급하는 원자재의 품질 문제와도 연결되어 있었다. 협력업체에서 제공하는 특정 소재의 미세한 성분 차이가 공정 내 반응 속도에 영향을 미쳤다.

이로 인해 제조 환경과 반응 조건이 조금씩 달라지게 되는 원인이 되었고, 특정 공정에서 문제를 유발하는 주요 요인으로 작용했다. 즉, 처음에는 단순히 특정 공정의 문제가 발생했다고 보았지만, 실상은 전후 공정의 변화와 외부 협력업체의 원자재 품질 문제가 복합적으로 작용하여 문제를 발생시킨 것이었다.

○ 시스템 사고가 필수적인 이유

이 사례에서 볼 수 있듯이, 단일 문제를 해결하려는 접근 방식으로는 문제의 근본 원인을 찾기 어렵다. 시스템 사고를 적용하면, 표면적으로 보이는 문제가 아니라 그 문제를 유발하는 전체적인 시스템의 흐름을 이해하고 근본적인 원인을 파악할 수 있다.

① 문제는 단독으로 존재하지 않는다

기업에서 발생하는 대부분의 문제는 특정한 부서나 공정에서만 발생하는 것이 아니다. 한 부서의 최적화가 다른 부서에는 비효율을 초래할 수 있으며, 하나의 공정 최적화가 전체 생산 공정의 균형을 깨뜨릴 수도 있다. 따라서 문제를 해결할 때는 단순히 "어디서 문제가 발생했는가?"를 묻는 것이 아니라, "이 문제가 다른 요소들과 어떻게 연결되어 있는가?", "근본적인 원인은 무엇이며, 이 문제가 발생하게 된 전체적인 흐름은 어떠한가?"를 고려해야 한다.

② 시스템적 접근을 통해 근본적인 해결책을 마련할 수 있다

단기적인 해결책은 단순히 문제를 '봉합'하는 역할만 할 뿐, 근본적인 원인을 해결하지 않으면 동일한 문제가 반복될 가능성이 높다.

시스템적인 사고를 적용하면 표면적으로 드러난 문제 뒤에 숨겨진 원인을 보다 명확하게 이해할 수 있다. 이를 통해 단기적인 처방이 아닌, 장기적으로 지속가능한 해결책을 마련할 수 있다.

③ 협력업체 및 외부 환경과의 연계성을 고려해야 한다

오늘날 글로벌 공급망과 협업이 중요한 시대에서 문제는 내부적인 요인뿐만 아니라 외부적인 요인과도 밀접한 관계를 가진다. 협력업체의 품질관리 체계가 제조 공정에 영향을 미칠 수도 있고, 외부 환경의 변화정책, 규제, 시장 동향 등가 내부 운영 방식에 간접적인 영향을 줄 수도 있다.

따라서 이러한 요소들을 고려하지 않으면 내부적으로 최적화된 해결책이 결국 비효율적인 결과를 초래할 수도 있다.

○ 문제 해결을 위해서는 전체적인 시스템 이해

현대의 복잡한 비즈니스 환경에서 문제를 해결하기 위해서는 단순히 개별적인 요소만을 분석하는 것이 아니라 시스템 전체를 바라보는 시각이 필수적이다. 반도체 제조사의 사례에서 보았듯이, 특정 공정의 수율 저하는 단순히 해당 공정의 문제가 아니었다. 전후 공정의 미세한 변화, 협력업체의 품질 관리 체계, 제조 환경의 변수가 모두 복합적으로 작용하며 하나의 문제를 발생시킨 것이다. 이러한 사례는 기업뿐만 아니라 다양한 분야에서도 동일하게 적용될 수 있다.

앞으로의 기업과 조직은 문제를 개별적으로 보는 것이 아니라 연결된 시스템 속에서 바라보는 사고방식을 강화해야 한다. 이를 통해 보다 지속가능하고 장기적인 해결책을 도출할 수 있을 것이다.

시스템 사고는 단순한 문제 해결 방식이 아니라, 현대 비즈니스 환경에서 반드시 필요한 필수적인 사고방식이다.

▍ 데이터가 말하는 진실 듣기

전통적인 문제 정의Define 단계에서는 경험과 직관에 의존하여 문제의 원인을 찾는 경우가 많았다. 하지만 디지털 시대에 들어서면서 AI와 빅데이터 분석을 활용한 문제 정의는 과거와는 전혀 다른 가능성을 제공하고 있다. 이전에는 전문가들의 가설을 바탕으로 특정 문제의 원인을 추론하고, 제한된 데이터를 활용해 분석하는 방식이 주를 이루었다. 하지만 AI와 빅데이터 기술의 발전은 우리가 이전에는 보지 못했던 패턴과 연관성을 찾아낼 수 있도록 해준다. 이러한 분석을 통해 우리가 미처 고려하지 않았던 요인들이 실제로 문제를 유발하는 핵심 원인이 될 수 있음을 알게 된다.

과거에는 단순히 "매출이 감소하고 있다"라는 현상을 두고, 일반적으로 가격 경쟁력 부족, 광고 효과 감소, 고객 서비스 문제 등을 주요 원인으로 분석했다. 하지만 이제는 AI를 활용한 빅데이터 분석을 통해 우리가 예상하지 못한 숨겨진 원인을 발견할 가능성이 훨씬 높아졌다. 이러한 새로운 접근 방식을 잘 보여주는 사례로, 한 온라인 쇼핑몰의 고객 이탈률 증가 문제를 살펴보자.

○ **데이터가 발견한 숨겨진 진실**_{온라인 쇼핑몰 사례}

한 글로벌 온라인 쇼핑몰은 고객 이탈률_{Customer Churn}이 지속적으로 증가하는 문제를 겪고 있었다. 기존의 분석 방식으로는 가격 경쟁력, 배송 속도, 고객 서비스 품질 등이 주요 원인일 것으로 예상되었다.

이에 따라 기업은 가격을 조정하거나, 프로모션을 강화하는 등의 조치를 고려했다. 그러나 이러한 전통적인 접근 방식은 근본적인 원인을 해결하는 것이 아니라 표면적인 문제만을 보완하는 한계가 있었다. 이에 따라 기업은 AI 기반의 빅데이터 분석을 활용하여 보다 심층적인 원인 분석을 진행하기로 했다.

> ① **AI와 빅데이터 분석을 통한 새로운 접근**
> 쇼핑몰은 고객의 행동 데이터를 수집하고, AI 알고리즘을 활용하여 다음과 같은 요소들을 분석했다.
> - 고객이 사이트를 방문하는 패턴
> - 상품 페이지에서 머무는 시간과 클릭 동선
> - 구매로 전환되지 않고 이탈하는 고객들의 공통적인 특성
> - 장바구니에 상품을 담았지만 결제하지 않는 비율과 그들의 행동 특성

이러한 분석을 통해 단순한 가격 문제나 서비스 품질이 핵심 원인이 아닐 수도 있다는 가능성을 탐색할 수 있었다.

② 데이터가 말해준 새로운 인사이트

AI 기반 분석 결과, 웹사이트의 특정 UI_{User Interface} 요소가 고객 이탈률 증가의 핵심 원인으로 작용하고 있음을 발견했다. 상품 페이지에서 결제 단계로 넘어가는 버튼이 사용자가 쉽게 찾기 어려운 위치에 배치되어 있었다. 또한, 모바일 환경에서 특정 결제 옵션이 정상적으로 표시되지 않아 일부 고객이 결제를 시도하다가 포기하는 사례가 다수 발생하고 있었다. 분석 결과, 이러한 UI 문제로 인해 이탈한 고객이 15% 이상 증가했다는 사실이 밝혀졌다. 이는 기존의 경험 기반 분석 방식으로는 쉽게 발견하기 어려운 문제였다. 가격이나 배송 문제만을 의심했다면, 근본적인 원인인 UI 문제를 인식하지 못한 채, 불필요한 마케팅 비용이나 할인 전략에만 집중하는 오류를 범했을 가능성이 크다.

○ 디지털 시대의 데이터 기반 문제 정의

① 숨겨진 패턴과 연관성 발견

과거에는 문제의 원인을 추정하는 방식이 많았지만, AI와 빅데이터 분석을 활용하면 우리가 예상하지 못했던 요인들을 객관적으로 검증할 수 있다. 예를 들어, 고객 이탈의 원인을 단순히 "가격이 높아서"라고 가정하는 대신, 실제로 웹사이트 UX/UI, 모바일 환경에서의 불편함, 결제 프로세스의 복잡성 등 다양한 요소가 고객 행동에 미치는 영향을 분석할 수 있다.

② 직관에 의존하는 문제 해결 방식에서 탈피

기존의 문제 해결 방식은 경험과 직관에 크게 의존하는 경향이 있었다. 하지만 AI와 빅데이터 분석을 활용하면, 단순한 추측이 아니라 객관적인 데이터를 기반으로 문제를 정의할 수 있다.

기업이 마케팅 전략을 세울 때, 단순히 "이 제품이 잘 팔릴 것 같다"는 감각적인 판단이 아니라 "이 제품의 특정 속성이 고객들의 구매 결정에 긍정적인 영향을 주는가?"를 데이터 분석을 통해 확인할 수 있다.

③ 데이터 기반 문제 정의가 곧 혁신의 출발점

문제를 정의하는 과정에서 AI와 빅데이터 분석을 적극적으로 활용하면, 기존의 틀에 갇히지 않고 새로운 해결 방안을 모색할 기회를 얻을 수 있다. 단순한 가설 검증이 아니라 데이터를 통해 예상하지 못한 새로운 인사이트를 발견할 수 있다. 이를 통해 기존에 없던 혁신적인 해결책을 도출할 수 있다.

○ 데이터를 듣는 것이 곧 문제 해결의 시작

디지털 시대에는 AI와 빅데이터 분석을 활용한 문제 정의 과정이 필수적이다. 기존에는 경험과 직관을 기반으로 문제의 원인을 찾았지만, 이제는 데이터가 제공하는 인사이트를 듣고 분석하는 것이 훨씬 더 정확한 접근 방식이 되고 있다. 온라인 쇼핑몰의 사례처럼 고객 이탈률 증가의 원인이 가격이 아니라 UI의 문제였다는 점은 데이터 분석을 통해서만 발견할 수 있었던 사실이었다. 만약 기존의 방식대로 접근했다면 잘못된 문제 정의로 인해 엉뚱한 해결책을 시도했을 가능성이 크다. 이처럼 데이터를 기반으로 한 문제 정의는 단순한 현상 분석을 넘어 문제의 근본 원인을 찾는 과정을 의미한다.

데이터를 객관적으로 분석하고 그 안에서 숨겨진 패턴과 연관성을 발견하는 것이 디지털 시대의 새로운 Define 단계이다.

3.

현실을 직시하는
데이터

○ 객관적 현실과 마주하기

많은 기업들이 자신들이 처한 현실을 정확히 알지 못하거나, 알더라도 인정하지 않으려 한다. 한 제약회사의 사례는 이를 잘 보여준다.

이 회사는 자사 제품의 품질이 경쟁사보다 우수하다고 믿고 있었다. 하지만 체계적인 시장 품질 데이터 수집과 분석을 통해 실제로는 특정 항목에서 경쟁사에 뒤처져 있다는 것을 발견했다. 이러한 현실 직시가 있었기에 실질적인 품질 개선 활동을 시작할 수 있었다.

○ 측정의 새로운 패러다임

디지털 시대의 측정은 단순한 데이터 수집을 넘어선다. IoT 센서들은 24시간 실시간으로 데이터를 생성하고, AI는 이를 즉각적으로 분석한다. 한 화학공장의 사례를 보자.

이 공장은 제품의 품질 편차 문제를 해결하기 위해 공정 전반에 스마트 센서를 설치했다. 과거에는 한 시간 간격으로 수동 측정하던 것을 이제는 초 단위로 모니터링할 수 있게 되었다. 그 결과 예상치 못한 발견이 있었다. 품질 편차는 특정 시간대에 집중적으로 발생했는데, 이는 공장 내 온도 변화와 밀접한 관련이 있었다.

○ 올바른 측정이 시작되는 곳

무엇을 측정할 것인가를 결정하는 것은 생각보다 훨씬 어려운 문제이다. 한 자동차 부품 제조사는 제품 불량률을 낮추기 위해 최종 검사 단계의 측정 항목을 크게 늘렸다. 하지만 실제 효과는 미미했다.

나중에 깨달은 것은 공정 중간의 핵심 변수들을 측정하는 것이 더 중요하다는 점이었다. 이는 마치 학생의 성적을 향상시키기 위해 기말고사 점수만 들여다보는 대신, 평소 학습 과정을 모니터링 하는 것이 더 효과적인 것과 같은 이치이다.

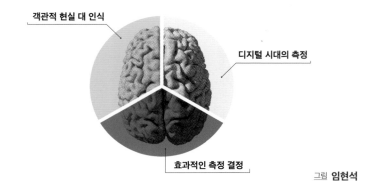

객관적 현실 대 인식

디지털 시대의 측정

효과적인 측정 결정

그림 **임현석**

4.

Define과
Measure의 시너지

▎ Define과 Measure 단계가 만나 생기는 변화

    Define과 Measure는 마치 지도와 나침반의 관계와 같다. 아무리 정확한 지도가 있어도 현재 위치를 모르면 길을 찾을 수 없고, 반대로 현재 위치를 알아도 목적지가 불분명하다면 방향을 잡을 수 없다.

    한 전자제품 제조사의 신제품 개발 과정은 이를 잘 보여준다. 초기에는 '배터리 수명 개선'이라는 단순한 문제 정의로 시작했지만, 다양한 사용 패턴 데이터를 수집하고 분석하면서 문제 정의가 '특정 앱 사용 시 과도한 배터리 소모'로 구체화 되었다. 이는 다시 더 정교한 데이터 수집으로 이어져, 최종적으로 소프트웨어 최적화라는 명확한 해결 방향을 도출할 수 있었다.

    현대의 기술은 Define과 Measure 단계를 더욱 강력하게 만들고 있다. 예를 들어, 한 반도체 제조사는 AI 기반의 실시간 공정 모니터링 시스템을 도입했다. 이 시스템은 수천 개의 공정 변수를 동시에 측정하면서 이상 패턴이 감지되면 즉시 근본 원인을 분석한다. 더 놀라운 것은 이러한 분석 결과가 다시 문제 정의를 더욱 정교하게 만드는데 활용된다는 점이다. 이는 Define과 Measure가 더 이상 선형적인 단계가 아닌, 지속적으로 상호작용하는 순환적 과정임을 보여준다.

실행의 핵심 포인트

Define과 Measure 단계를 시작하기 전에 조직은 먼저 다음과 같은 질문들을 던져봐야 한다.

"우리는 문제의 본질을 찾아갈 준비가 되어 있는가?", "객관적 데이터에 기반한 의사결정을 할 준비가 되어 있는가?", "예상치 못한 발견에 대해 열린 마음을 가지고 있는가?"

한 제조 기업의 혁신 책임자는 이렇게 말한다. "가장 어려운 것은 기술이나 방법론이 아니었다. 우리가 알고 있다고 생각했던 것들을 의심하고, 새로운 관점으로 문제를 바라보는 용기가 필요했다."

성공적인 Define과 Measure 단계 실행을 위해서는 다음의 세 가지 핵심 요소가 필요하다.

첫째, 명확한 커뮤니케이션이다. 문제 정의와 측정 계획은 모든 이해관계자들이 이해하고 공감할 수 있는 방식으로 전달되어야 한다.

둘째, 적절한 도구와 시스템의 활용이다. 디지털 기술을 효과적으로 활용하되 과도한 복잡성은 피해야 한다.

셋째, 지속적인 검증과 피드백이다. 정기적으로 진행 상황을 점검하고 필요한 경우 방향을 조정할 수 있어야 한다.

Define과 Measure 단계는 단순한 프로세스의 시작이 아니라, 문제 해결의 성패를 좌우하는 핵심 요소이다. 디지털 시대는 이 두 단계를 더욱 강력하게 만들어주고 있지만 동시에 더 큰 도전도 제시하고 있다. 성공적인 문제 해결을 위해서는 기술의 활용과 함께 근본적인 사고방식의 전환이 필요하다.

'빠른 해결'보다는 '정확한 이해'에 중점을 두고 '부분적 대응'보다는 '시스템적 접근'을 추구해야 한다. 이것이 바로 Define과 Measure 단계가 우리에게 가르쳐주는 핵심 통찰이다.

효과적인 문제 분석을 위해서는 △시스템 사고, △프로세스 사고, △고객경험 가치 사고, 세 가지 관점에서 문제를 바라보아야 한다. 시스템 사고는 숲을 보는 관점이고, 프로세스 사고는 정적인 상태가 아닌 동적인 흐름에 주목한다. 고객경험 가치 사고는 내부 관점이 아닌 외부 관점에서 문제를 바라보는 것이다. 이러한 세 가지 사고방식을 균형 있게 활용할 때, 문제의 본질을 정확히 파악하고 효과적인 해결책을 도출할 수 있다. 각각의 관점은 서로 보완적이며, 복잡한 비즈니스 문제를 해결하는데 필수적인 통찰을 제공한다.

제3장
문제의 본질을 꿰뚫는 분석과 창의적 해결

1.

분석의 새로운 패러다임 :
사고의 전환

문제 분석에 있어 가장 중요한 것은 관점의 전환이다. 우리는 종종 익숙한 시각에 갇혀 문제의 본질을 보지 못한다.

한 자동차 부품 제조사의 사례는 이를 잘 보여준다. 이 기업은 제품 불량률이 높아지자 처음에는 생산 설비와 작업자의 숙련도만을 의심했다. 그러나 관점을 바꾸어 전체 가치사슬 관점에서 접근했을 때 예상치 못한 발견이 있었다. 협력업체의 자재 납기 지연으로 인한 급한 작업이 품질 문제의 근본 원인이었던 것이다.

문제 분석의 3가지 핵심 관점

효과적인 문제 분석을 위해서는 다음 세 가지 관점에서 문제를 바라보아야 한다. 각각의 사고방식은 서로 다른 각도에서 문제의 본질을 이해하는데 도움을 준다.

○ 시스템 사고 Systems Thinking

시스템 사고는 숲을 보는 관점이다. 개별 나무의 상태만을 살피는 것이 아니라, 숲 전체의 생태계를 이해하려는 접근법이다.

예를 들어, 생산라인의 품질 문제를 분석할 때, 단순히 해당 공정만을 보는 것이 아니라 전후 공정, 자재 공급, 작업자 교육, 품질 관리 시스템 등 전체 시스템을 종합적으로 살펴봐야 한다.

모든 문제는 독립적으로 존재하지 않는다. 하나의 현상은 다양한 요소들이 서로 영향을 주고받는 복잡한 상호작용의 결과물이다.

예를 들어, 납기 지연 문제는 생산 능력의 부족, 자재 공급의 불안정성, 고객 주문의 변동성, 그리고 이들 간의 복잡한 상호작용에서 비롯될 수 있다. 따라서 각 요소들이 어떻게 서로 연결되어 있고 어떤 영향을 주고받는지 이해하는 것이 중요하다. 순환적 인과관계의 파악은 시스템 사고의 핵심이다.

A가 B의 원인이 되고, B가 다시 A에 영향을 미치는 순환적 구조를 이해해야 한다.

예를 들어, 과도한 재고(A)는 자금 압박(B)을 초래하고, 이는 다시 대량 구매 할인 기회의 상실로 이어져 재고 비용 상승(A)을 가져오는 악순환이 발생할 수 있다. 이러한 순환적 구조를 파악함으로써 근본적인 해결책을 찾을 수 있다.

○ 프로세스 사고 Process Thinking

프로세스 사고는 정적인 상태가 아닌 동적인 흐름에 주목한다. 마치 강물이 흐르는 것을 관찰하듯이, 가치가 창출되고 전달되는 전체 과정을 연속적으로 바라보는 것이다.

결과만을 보면 문제의 징후는 파악할 수 있지만 그 원인을 찾기는 어렵다.

예를 들어, 제품 불량이 발견되었을 때, 최종 검사 결과만 보는 것이 아니라 원자재 투입부터 완제품 출하까지의 전체 프로세스를 추적해야 한다. 가치흐름의 전체적 조망은 고객에게 가치를 전달하는 모든 활동을 연속적으로 파악하는 것이다. 이는 마치 항공사진을 찍듯이 프로세스 전체를 한눈에 보는 것이다. 각 단계에서 어떤 활동이 이루어지고, 어떤 자원이 투입되며, 어떤 정보가 교환되는지 명확히 파악해야 한다. 이를 통해 가치 창출에 기여하지 않는 낭비 요소들을 식별할 수 있다.

병목지점과 낭비요소의 식별은 프로세스 개선의 핵심이다. 전체 프로세스에서 어느 부분이 흐름을 저해하고 있는지, 어디서 불필요한 대기나 이동이 발생하는지 파악해야 한다.

예를 들어, 한 공정의 처리 속도가 너무 느려 전체 생산성을 떨어뜨리는 경우, 이는 명확한 병목지점이 된다. 또한 과도한 재공품 재고, 불필요한 문서작업, 중복된 검사 등의 낭비요소들도 찾아내야 한다.

○ 고객경험 가치 사고 Customer Experiment Value Thinking

고객경험 가치 사고 역시 내부 관점이 아닌 외부 관점에서 접근해야 한다. 즉, 기업이 아닌 고객의 입장에서 경험의 모든 순간을 평가하는 것이다. 고객은 단순히 제품이나 서비스 자체가 아니라, 이를 사용하는 과정에서 느끼는 경험 전체를 중요하게 여긴다.

때로는 기업이 강조하는 특정 요소가 고객경험에 실질적인 가치를 더하지 못할 수 있다. 예를 들어, 빠른 배송을 위한 시스템을 개선하는데 집중했지만, 고객이 더 중요하게 생각하는 것은 배송 속도보다는 제품이 안전하게 도착하는 것일 수 있다.

고객경험 가치는 고객이 실제로 체감하는 편리함과 만족도를 기준으로 구분되어야 한다. 고객이 불편함 없이 자연스럽게 서비스를 이용할 수 있도록 하는 활동이 진정한 가치 활동이다. 예를 들어, 콜센터의 응대 품질을 높이는 것도 중요하지만, 고객이 문제를 겪지 않도록 사전에 문제 발생 가능성을 줄이는 것이 더 높은 가치가 될 수 있다.

고객경험 중심의 분석은 고객이 제품이나 서비스를 접하는 모든 순간을 종합적으로 살피는 것이다. 구매를 고려하는 초기 단계부터, 실제 사용 과정, 문제 발생시 대응, 지속적인 유지보수 및 서비스 지원까지 전반적인 경험을 분석해야 한다. 예를 들어, 온라인 쇼핑몰의 사용자 경험을 개선하려면 결제 속도나 디자인뿐만 아니라 검색 편의성, 상품 설명의 명확성, 반품 과정의 간편함 등도 함께 고려해야 한다.

비효율적인 문제 분석 접근법

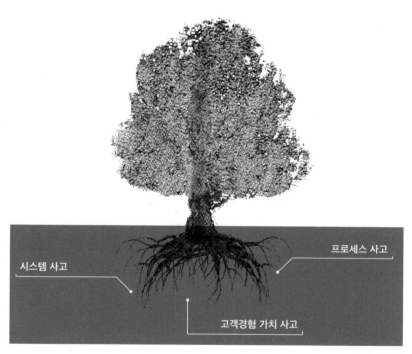

프로세스 사고

시스템 사고

고객경험 가치 사고

그림 **임현석**

    이러한 세 가지 사고방식을 균형 있게 활용할 때, 문제의 본질을 정확히 파악하고 효과적인 해결책을 도출할 수 있다. 각각의 관점은 서로 보완적이며, 복잡한 비즈니스 문제를 해결하는데 필수적인 통찰을 제공한다.

2.

분석의 깊이

▍근본 원인을 찾아가는 여정

반도체 생산라인을 하나의 사례로 찾아보자. 반도체의 수율 저하 문제를 분석할 때, 다음과 같은 단계적 심화 과정을 거쳤다고 하자.

○ 현상 분석 : 문제의 징후 파악하기

① **데이터 패턴 확인 :** 현상 분석의 첫 단계는 데이터에서 의미 있는 패턴을 찾아내는 것이다. 이는 마치 의사가 환자의 체온, 혈압, 맥박 등 기본적인 생체 신호를 확인하는 것과 같다. 예를 들어, 반도체 생산라인에서는 시간대별, 요일별, 생산 로트별 수율 데이터를 시계열로 분석하여 주기성이나 특정 패턴이 있는지 확인한다. 또한 공정별 수율 데이터를 비교하여 특정 공정에서 문제가 집중되는지도 파악한다.

② **이상점 발견 :** 정상적인 범위를 벗어나는 데이터 포인트들을 찾아내는

것이 중요하다. 이는 단순히 통계적 이상치를 찾는 것을 넘어, 그 이상점이 발생한 상황과 조건을 면밀히 조사하는 것을 포함한다. 예를 들어, 특정 날짜에 수율이 급격히 떨어졌다면, 그날의 작업 조건, 원자재 특성, 설비 상태, 작업자 정보 등을 종합적으로 검토한다.

③ 변동 요인 파악 : 수율 변동에 영향을 미칠 수 있는 모든 요인들을 리스트업하고, 각 요인들의 변동 패턴을 분석한다. 이는 마치 날씨 예보관이 기온, 습도, 기압 등 다양한 기상 요소들을 종합적으로 관찰하는 것과 같다. 공정 온도, 습도, 압력, 가스 순도, 설비 상태, 작업자 숙련도 등 수많은 변수들의 변동 패턴을 추적하고 기록한다.

○ 구조적 분석 : 문제의 구조 이해하기

① 프로세스 맵핑 : 전체 생산 프로세스를 상세히 도식화하는 작업이다. 이는 마치 지도를 그리는 것과 같다. 각 공정 단계별로 투입물, 처리 과정, 산출물을 명확히 정의하고, 품질에 영향을 미치는 주요 관리 포인트를 표시한다. 또한 공정간 연결관계, 대기시간, 이동거리 등도 함께 표시하여 전체 프로세스의 흐름을 한눈에 파악할 수 있게 한다.

② 인과관계 다이어그램 작성 : 문제와 관련된 모든 요인들 간의 인과관계를 시각적으로 표현한다. 이는 마치 사건의 실마리를 찾는 형사가 관련자들의 관계도를 그리는 것과 같다. 예를 들어, 설비 온도 상승이 가스 반응성에 영향을 미치고, 이는 다시 박막 품질에 영향을 주는 식의 연쇄적인 관계를 도식화한다. 이를 통해 직접적인 관계뿐만 아니라 간접적인 영향 관계도 파악할 수 있다.

③ **요인 간 상관관계 분석** : 각 요인들 사이의 통계적 연관성을 분석한다. 단순한 상관계수 계산을 넘어 시차를 둔 상관관계, 비선형적 관계, 다중 요인 간의 교호작용 등을 심층적으로 분석한다. 예를 들어, 특정 공정의 온도 변화가 몇 단계 후의 수율에 영향을 미치는지, 또는 온도와 압력이 동시에 변할 때 어떤 시너지 효과가 발생하는지 등을 파악한다.

○ 근본 원인 분석 : 문제의 본질 파악하기

① **5Why 분석의 심화** : 단순히 5번 '왜'라는 질문을 반복하는 것이 아니라, 각 단계에서 충분한 데이터와 증거를 확보하며 깊이 있게 파고드는 것이다. 이는 마치 고고학자가 지층을 한 층씩 파내려가며 역사적 진실을 발견하는 것과 같다. 예를 들어, "왜 이 공정에서 불량이 발생하는가?"라는 질문에서 시작하여, 각 단계별로 구체적인 데이터와 분석 결과를 토대로 더 깊은 원인을 찾아간다.

② **시스템 다이내믹스 활용** : 문제를 단순한 선형적 인과관계가 아닌, 순환적이고 동적인 시스템으로 이해한다. 이는 마치 생태계의 먹이사슬을 연구하는 것과 같다. 피드백 루프, 시간 지연 효과, 증폭 효과 등을 고려하여 시스템의 동적 특성을 모델링한다. 예를 들어, 설비 부하 증가가 품질 저하를 초래하고, 이는 다시 재작업 증가로 이어져 설비 부하를 더욱 가중시키는 악순환 구조를 파악한다.

③ **복합 요인 간 상호작용 분석** : 여러 요인들이 동시에 작용할 때 발생하는 복잡한 상호작용을 분석한다. 이는 마치 요리사가 여러 재료의 조합이 맛에 미치는 영향을 연구하는 것과 같다. 실험계획법DOE을 활용하여 여러 공정 변수들의 최적 조합을 찾거나, 머신러닝 알고리즘을 통해 복잡한 패

턴을 발견한다. 예를 들어 온도, 압력, 가스 유량이 동시에 변할 때 발생하는 비선형적 효과를 파악하고 이들 간의 최적 조합점을 찾아낸다.

이러한 단계적 분석을 통해 표면적으로 드러난 문제 현상의 이면에 있는 진정한 근본 원인을 발견할 수 있다. 이는 효과적인 해결책 도출을 위한 필수적인 과정이며 지속가능한 개선의 토대가 된다.

3.

창의적 해결책의
도출

▌해결책 도출의 새로운 접근

혁신적인 해결책을 찾기 위해서는 전통적인 문제 해결 방식을 넘어서는 새로운 사고방식이 필요하다. 다음은 효과적인 해결책 도출을 위한 핵심 사고방식이다.

○ 통합적 사고의 실천

① **기술과 인간의 조화** : 기술 중심 또는 인간 중심의 일방적인 접근이 아닌, 둘의 조화로운 결합이 필요하다. 예를 들어, 스마트 팩토리를 구축할 때 단순히 자동화 설비를 도입하는 것에 그치지 않고, 작업자들의 경험과 노하우를 AI 시스템에 효과적으로 반영해야 한다. 현대자동차의 생산라인에서는 숙련 작업자들의 품질 검사 노하우를 머신러닝 알고리즘에 학습시켜, 자동화된 검사 시스템의 정확도를 크게 향상시켰다. 또한 자동화

시스템이 이상을 감지했을 때, 작업자가 신속하게 개입할 수 있는 인터페이스를 구축하여 기술과 인간의 장점을 최대한 활용하고 있다.

② **하드웨어와 소프트웨어의 결합** : 물리적 시스템과 디지털 시스템의 유기적 통합이 필요하다. 이는 마치 인체의 뼈대_{하드웨어}와 신경계_{소프트웨어}가 함께 작동하는 것과 같다. 삼성전자의 반도체 공장에서는 생산 설비_{하드웨어}에 실시간 모니터링 시스템과 예측 정비 알고리즘_{소프트웨어}을 결합하여 운영하고 있다. 센서가 설비의 상태를 지속적으로 모니터링하고, 이 데이터를 AI가 분석하여 최적의 유지보수 시점을 예측한다. 더 나아가 디지털 트윈 기술을 활용하여 가상 환경에서 다양한 운영 시나리오를 시뮬레이션함으로써, 실제 설비 운영의 효율성을 극대화하고 있다.

그림 **임현석**

③ 단기와 장기 관점의 균형 : 당면한 문제 해결과 미래를 위한 준비를 동시에 고려해야 한다. LG화학의 배터리 생산라인 개선 사례를 보면, 현재의 품질 문제 해결을 위한 즉각적인 조치_{검사 강화, 작업 표준 개선}와 함께, 미래의 경쟁력 강화를 위한 장기적 투자_{차세대 생산 시스템 개발, 친환경 공정 도입}를 병행하고 있다.

이를 위해 전체 프로젝트 포트폴리오를 단기_{3개월 이내}, 중기_{6개월~1년}, 장기_{1~3년} 과제로 분류하고, 각각에 적절한 자원을 배분하는 전략을 사용한다.

○ 실험적 사고의 실천

① 실패를 통한 학습 : 실패를 두려워하지 않고, 오히려 이를 학습의 기회로 활용하는 자세가 필요하다. 구글의 X프로젝트팀은 "실패를 더 빨리, 더 똑똑하게 하자"는 모토를 가지고 있다. 실패한 실험에서도 중요한 교훈을 얻을 수 있기 때문이다. 예를 들어, 테슬라는 초기 모델의 배터리 발화 문제를 겪으면서, 이를 통해 더 안전하고 효율적인 배터리 관리 시스템을 개발할 수 있었다. 중요한 것은 실패의 원인을 정확히 분석하고, 이를 다음 시도에 체계적으로 반영하는 것이다.

② 반복적 개선 : 한 번에 완벽한 해결책을 찾으려 하지 않고, 점진적인 개선을 통해 목표에 접근하는 방식이다. 이는 마치 조각가가 큰 돌덩이를 조금씩 깎아가며 작품을 완성하는 것과 같다. 도요타의 카이젠_{개선} 문화는 이러한 접근의 대표적인 예시다. 작은 개선이라도 매일 지속적으로 실행하며, 각 시도의 결과를 면밀히 관찰하고 피드백을 반영한다. 이를 통해 리스크를 최소화하면서도 꾸준한 발전을 이루어낼 수 있다.

③ **작은 성공의 축적 :** 대규모 혁신을 한 번에 추진하기보다, 작은 성공들을 차근차근 쌓아가는 전략이다. 아마존의 혁신 프로세스를 보면, 새로운 서비스나 기능을 도입할 때 항상 작은 규모의 파일럿 테스트부터 시작한다. 예를 들어, AWS의 새로운 서비스를 출시할 때, 먼저 제한된 지역이나 고객군을 대상으로 베타 테스트를 진행하고, 그 결과를 바탕으로 점진적으로 확대해 나간다. 이러한 접근은 리스크를 관리하면서도 실질적인 성과를 축적할 수 있게 해준다.

그림 **임현석**

이러한 통합적 사고와 실험적 사고는 서로 보완적인 관계에 있다. 통합적 사고가 문제 해결의 방향성과 큰 그림을 제시한다면, 실험적 사고는 구체적인 실행 방법과 검증 과정을 제공한다.

두 가지 사고방식을 균형 있게 활용할 때, 혁신적이면서도 실현 가능한 해결책을 도출할 수 있다.

4.

최선의 선택을 위한
전략적 사고

▎ 실행의 우선순위 설정을 위한 영향도 중심의 전략적 접근

○ 비즈니스 영향도 평가와 리소스 효율성

효과적인 구현을 위한 전략적 사고는 실행의 우선순위 설정과 지속 가능한 개선을 위한 순환적 사고를 기반으로 한다. 먼저 영향도 중심의 사고를 실천하는 것이 중요한데, 이는 모든 개선 활동이 비즈니스에 미치는 영향을 기준으로 평가되어야 한다.

한 철강 기업의 사례를 보면, 스마트 팩토리 도입 과정에서 각 과제의 가치를 정량적으로 평가하는 체계적인 방법을 활용했다. 예를 들어, 용광로 AI 제어 시스템 도입을 검토할 때는 직접적 재무 효과, 품질 개선 효과, 생산성 향상, 간접 효과 등을 종합적으로 분석했다.

이러한 평가를 통해 연간 수백억 원의 효과를 정량화하여 투자 우선순위를 결정하고 경영진의 지원을 확보할 수 있었다.

리소스 효율성 측면에서는 제한된 자원을 최대한 효율적으로 활용하기 위한 전략적 사고가 필요했다. 이에 인적 자원 최적화, 예산 효율성, 시간 자원 관리 등의 접근법을 사용했으며, 특히 대형 설비 교체가 필요한 경우에는 정기 보수 기간과 일정을 통합하여 가동 중단 시간을 최소화하는 방식을 채택했다.

혁신 과정에서는 위험과 기회의 균형을 맞추는 것이 중요했다. 리스크 평가 매트릭스를 활용하여 발생 가능성과 영향도를 기준으로 리스크를 분류하고, 파일럿 테스트를 통한 리스크 최소화, 신기술 적용을 통한 경쟁우위 확보 가능성 평가 등을 실시함으로 성공적인 지속 가능한 기초를 만들었다.

단계적 접근과 조직 수용성 관리

○ 점진적 확산 전략과 조직 수용성

단계적 접근 사고의 실천은 성공적인 구현의 핵심 요소이다. 한 제조 기업은 대규모 변화를 한 번에 추진하지 않고, 검증된 성공을 바탕으로 단계적으로 확산하는 전략을 채택했다.

먼저 영향력이 크면서도 리스크가 관리 가능한 생산라인을 파일럿으로 선정하고, 이를 바탕으로 유사 공정부터 시작하여 전사적 표준화까지 이어지는 확산 단계를 설계했다.

조직과 구성원들의 학습 속도를 고려한 현실적인 일정 수립도 중요했다. 기초 디지털 역량 교육부터 시작하여 시스템 운영 실무 교육, 고급 분석 도구 활용 교육까지 단계별 교육 프로그램을 운영했으며, 숙련도에 따라 단순 기능에서 시스템 최적화까지 단계적으로 발전시켜 나갔다. 조직의 수용성을 고려한 접근도 성공의 핵심 요소였다.

부서별 디지털 성숙도 진단, 구성원 역량 수준 평가, 변화 저항 요인 분석을 통해 변화 준비도를 평가하고, 이를 바탕으로 맞춤형 지원 전략을 수립했다. 또한 정기적인 진행 상황 공유, 현장 의견 수렴 채널 운영, 경영진의 지속적인 지원 메시지 등을 통해 소통을 강화함으로써 기초 단계를 이루었다.

지속가능한 개선을 위한 순환적 사고

○ 실행-검증-개선의 순환 체계

지속가능한 개선을 위해서는 순환적 사고가 필수적이다. 이는 마치 계절이 순환하며 자연이 끊임없이 새로워지는 것과 같다.

자동차 제조업체의 생산라인 개선 사례에서는 '실행-검증-개선'의 반복을 통해 지속적인 발전을 이루어냈다. 새로운 작업 방식을 도입하고, 그 성과를 측정하며, 문제점을 개선하는 과정을 반복함으로써 점차 더 나은 결과를 만들어낼 수 있었다.

한 반도체 기업에서는 지식의 축적과 공유를 위해 체계적인 시스템을 구축했다. 성공 사례뿐만 아니라 실패 사례도 상세히 기록하고, 누구나 쉽게 접근할 수 있는 디지털 플랫폼을 통해 정보를 공유했다. 또한 정기적인 지식 공유 세션, 전문가 멘토링 제도, 부서간 교차 학습 프로그램 등을 통해 학습 커뮤니티를 활성화했다.

화학 산업의 한 배터리 제조사에서는 조직 역량의 진화를 위해 맞춤형 교육 프로그램 운영, 실무 프로젝트 참여 기회 제공, 전문가 육성 로드맵 수립 등을 통해 개인 역량을 강화했다. 또한 협업 능력 강화 훈련, 문제 해결 방법론 공유, 팀 단위 성과 관리 등을 통해 팀 역량도 향상시킴으로써 지식 관리와 조직 역량을 강화할 수 있었다.

리스크 관리와 실시간 대응 체계

○ 실시간 모니터링과 신속 대응

선도적인 반도체 제조사에서는 실시간 모니터링 시스템을 통해 품질, 생산성, 설비 상태 등을 24시간 모니터링하고, AI 기반의 이상 징후를 감지하며, 여러 공정의 데이터를 통합 관리하는 체계를 구축했다. 또 한 제조 기업의 스마트 팩토리에서는 신속한 대응 체계를 구축하여, 문제 감지 시 즉각적인 대응이 가능하도록 했다. 명확한 에스컬레이션 체계, 의사결정 권한의 현장 위임, 신속 대응팀 운영 등을 통해 문제 해결의 효율성을 높였다.

리스크 관리에 있어서는 체계적인 접근이 필요했다. 한 첨단 기술 기업에서는 '리스크 레이더 시스템'을 통해 잠재적 문제를 선제적으로 식별했다. 수백 개의 센서를 통해 미세한 변화를 지속적으로 모니터링하고, AI 알고리즘을 통해 이상 징후를 조기에 감지했다.

화학 산업의 선도 기업은 '시나리오 기반 리스크 대응 시스템'을 구축하여 잠재적 위험에 대한 대응 계획을 체계화했다. 초기 대응 단계, 확산 방지 단계, 정상화 단계별로 명확한 절차와 책임을 정립했으며, 이를 통해 문제 발생 시 신속하고 효과적인 대응이 가능했다.

글로벌 자동차 제조사의 생산기지에서는 '다층적 리스크 평가 프로그램'을 통해 정기적인 리스크 평가를 실시했다. 매월, 분기별, 연간 단위로 각기 다른 수준의 리스크를 평가하고, 재무적 리스크뿐만 아니라 운영, 기술, 시장, 환경, 사회적 리스크 등을 포괄적으로 관리했다.

이러한 순환적 사고와 체계적인 접근을 통해, 기업들은 단순한 문제 해결을 넘어 지속적인 발전의 토대를 마련할 수 있었다. 이는 하루아침에 이루어지는 것이 아니라, 리더의 지속적인 관심과 지원, 구성원들의 적극적인 참여를 통해 달성할 수 있는 장기적인 여정이었다.

AX/DX Thinking for
General Problem

창의성을 높이기 위해 개인은 자신의 경험을 넓히는 것이 중요하다. 경험을 넓히는 가장 좋은 방법은 다른 사람과 이야기하는 것이다. 조직에서는 창의적인 조직문화를 위해 다양성을 높이고 르네상스 시대처럼 다양한 사람들이 교류하고 협력할 수 있게 해야 한다.

또 논리적 사고를 위해서는 △생각하는 습관, △상대 논리의 구조화, △구체적인 생각, △타인에 대한 이해, △설득의 5가지 요소가 필요하다.

제1장
AX/DX 시대에 필요한 창의적이고 논리적인 사고

1.

창의적 사고

▌ 창의성이란

　일반적으로 창의성은 "새로운 관계를 지각하거나, 비범한 아이디어를 산출하거나 또는 전통적 사고유형에서 벗어나 새로운 유형으로 사고_{思考}하는 능력"이라고 정의하고 있으며, 창의성 하면 떠오르는 의미로 "새롭고, 독창적이고, 유용한 것을 만들어 내는 능력" 또는 "전통적인 사고방식을 벗어나서 새로운 관계를 창출하거나, 비일상적인 아이디어를 산출하는 능력"을 말하기도 한다. 이처럼 창의성의 개념은 매우 다양하다.

　또한 '창의성'이란 단어의 일반적인 의미를 다시 되새겨보고, 그것을 바탕으로 각자가 자신의 관점에서 연관성을 갖는 또 다른 언어들로 살을 붙여 본인만의 의미를 부여하는 것이 '창의성'이라는 단어의 의미에 한 발 더 다가서는 것이라 할 수 있겠다. '창의성'이란 단어의 기본 정의는 있지만, 그 내용적인 측면에 있어서는 "이거다!"라고 하는 자물쇠 같은 제한이 없기 때문일 것이다.

창의성에 대한 잘못된 선입견

"고독한 천재가 사과나무 밑에서 사색에 빠져 있다. 사과나무에서 사과가 '쿵'하고 떨어졌다. 사과가 떨어지는 것을 보고 천재의 머릿속에서는 생각의 스파크가 일어났다. '아하!' 하는 영감을 받은 그는 만유인력의 법칙을 발견했다."

뉴턴이 사과가 나무에서 떨어지는 것을 보며 만유인력의 법칙을 발견했다고 말하는 것은 사실일까? 결론부터 말하면 이런 동화 같은 이야기는 완전 엉터리이다.

뉴턴은 논리적이고 분석적이며 체계적으로 연구했다. 엄청난 양의 계산을 직접 했고, 더 발전된 분석과 계산을 위해 미적분을 고안해 만유인력을 발견했다.

그런데도 사람들이 이런 동화 같은 이야기를 하는 이유는 무엇일까? 그의 천재성을 부각시키고 싶기 때문이다. 천재가 '아하!' 하는 영감을 받아서 무엇인가 일반인들은 하기 힘든 위대한 업적을 이루었다고 말하고 싶어서다.

창의성에 대한 가장 큰 오해는 천재적인 발상으로 얻어지는 것이 아니다. 생각의 노동에서 얻어지는 것이다. 생각이 오래 쌓이고 숙성되면서 그 결과가 어느 순간 나타나는 것이다. 창의성에 대한 또 다른 오해는 '창의적인 발상을 하는 사람이 따로 존재 한다'는 가정이다. 실제로는 그렇지 않다.

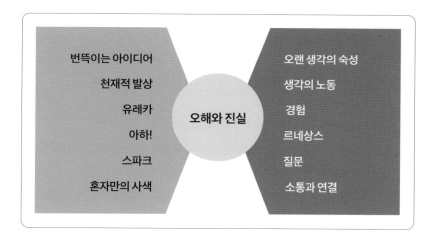

창의성이란 무엇인가? 스티브 잡스는 "창의력이란 연결하는 능력이다"라고 말했다. '서로 연관이 없어 보이는 것을 연결해 새로운 것을 만들거나 전혀 다른 분야의 생각들을 연결해 새로운 아이디어를 만드는 것'을 창의성의 핵심이라고 그는 지적했다.

어떤 사람은 "창의성이란 쉽게 '모방'이라고 생각해도 좋다"라고 말한다. 세상에 없는 전혀 새로운 것을 창조한다는 생각보다는 다른 사람들의 아이디어에서 시작해 그것을 약간씩 변형시키고 발전시키며 새로운 생각을 만드는 것이 창의성을 발휘하는 가장 현명한 방법이라는 것이다. 창의성에 관한 사람들의 이야기를 몇 가지 정리해보자.

❖ 창의성이란 낯선 것에 대한 즐거움이다.
  _어니 젤린스키(캐나다 컨설턴트, ≪느리게 사는 즐거움≫ 저자)

❖ 창의성이란 자신을 믿는 것이다. _웨인 D. 드와이어 박사

❖ 위대한 아이디어에는 날개뿐만 아니라 착륙장치도 필요하다. _C. D. 잭슨

❖ 한 나라의 진정한 부의 원천은 그 나라 국민의 창의적 상상력에 있다.
  _애덤 스미스 ≪국부론≫

❖ 독창성은 현명한 모방에 지나지 않는다. _볼테르

❖ 한 사람의 작가에게서 아이디어를 훔치면 표절이 되지만, 많은 저자에게서 아이디어를 훔치면 연구가 된다. _윌슨 미즈너(시나리오 작가)

❖ 사람들은 존재하는 것들을 보고 "왜?"냐고 묻지만, 나는 결코 없었던 것을 꿈꾸며 "안 될 게 뭐야?"라고 묻는다. _조지 버나드 쇼

경험을 통한 창의적 사고 강화

사람들은 천재의 이야기를 좋아하고, '유레카[2]' 같은 극적인 상황에 매료된다. 하지만 실제로는 그렇지 않다. 천재의 '유레카'는 존재하지 않는다. 생각의 노동을 오래한, 즉 사람의 생각이 숙성되며 어느 순간 발현된다는 것이 창의성에 대한 가장 현실적인 정의이다. 김치가 숙성되고 발효되어 제 맛을 만들어가는 것처럼 우리의 생각도 숙성의 시간 다양한 생각의 경험이 필요하다.

창의성은 독특한 능력을 가진 사람만이 발휘할 수 있다는 생각은 우리의 창의성을 가로막는 가장 큰 장벽이다. 그래서 "천재는 없다. 하지만 경험이 남다른 사람은 있을 수 있다"고 생각하는 것이 창의성에 관한 가장 현실적이고 현명한 생각이다.

창의성을 높이기 위해 개인은 자신의 경험을 넓히는 것이 중요하다. 경험을 넓히는 가장 좋은 방법은 다른 사람과 이야기하는 것이다. 조직에서는 창의적인 조직문화를 위해 다양성을 높이고 르네상스 시대처럼 다양한 사람들이 교류하고 협력할 수 있게 해야 한다.

영국에서 10년을 살아도 남과 이야기하지 않으면 영국 문화도 모르고 다양성도 없다. 사소한 대화와 소통이 나의 다양성을 높인다. 특

2 　유레카(Eureka) : 그리스어로 '발견했다'는 뜻. 위급한 상황에서 떠오른 기발한 생각이나 뛰어난 기술 등을 가리키는 말.

히 나와 다른 경험을 가진 사람들과 소통하는 것이 필요하다. 다양한 사람들과 경험을 교류하며 자신의 다양성을 높여보자. 이러한 다양한 생각의 경험이 창의력을 발휘하는 '생각의 소스'가 되는 것이다.

뉴턴을 생각해보자. 그는 물체의 운동 역학에 대한 연구도 많이 했고, 미적분을 고안하며 분석적으로 계산했다. 하지만 그가 과학에 기여할 수 있었던 것은 "사과가 나무에서 떨어지는 것은 지구가 그 사과를 잡아당겼기 때문이다"라는 동화적인 상상력을 발휘했기 때문이다. 뉴턴은 "지구가 사과를 잡아당겼다"는 표현을 쓰며 '중력'이라는 개념을 만들었다. '지구가 사과를 잡아당겼다'는 것은 전혀 과학적인 것처럼 보이지 않는다. 동화에나 나올 법한 표현이다.

동화적 상상력이 '중력'이라는 개념이 되고, 많은 연구와 미적분 같은 새로운 계산법을 통해 만유인력의 법칙이라는 지식이 된 것이다. 과학은 분석, 논리, 계산과 같은 것으로만 되어 있을 것 같다. 하지만 과학은 동화와 같은 상상력에서 출발해 만들어진 것이다.

▮ 다르게 생각하기

창의성이란 기본적으로 남과는 다른 것을 하라는 것이다. 100명이 모두 같은 방향으로만 뛰면 1등은 1명만 나온다. 하지만 100명이 모두 다른 방향으로 뛰면 100명이 모두 1등을 할 수 있다. 그래서 남과 다른 선택을 하고 남과 다른 것을 하는 것이 더 쉽게 1등을 하는 방법이라고 충고한다. 그러나 사람들은 남과 다른 것을 선택하지 못하고 같은 것만을 선택해 치열하게 경쟁을 한다. 왜 그럴까? 그 이유는 남과 다른 것을 선택하는 순간 두려움을 느끼기 때문이다. '이쪽 길이 아닌 거 같은데'라는 생각이 들어도 남들이 모두 그쪽으로 가면 그 길을 따라가는 것이 우리의 모습이다.

남들과 다른 곳으로 가는 것, 그 자체가 두렵게 느껴진다. 남과 다른 것을 선택하기 위해서는 배짱을 갖고 두려움을 극복해야 한다. 그래야 남들과 다른 것을 할 수 있다.

사람들이 일반적으로 잘못 생각하는 것 중 하나는 더 많은 사람들이 경쟁하는 것에서 치열하게 경쟁해 승리했을 때 더 많은 보상이 있을 것이라는 생각이다. 하지만 이것은 우리의 고정관념일 뿐이다. 많은 사람들이 몰려서 경쟁하는 곳에서는 경쟁에서 승리하기도 어렵고, 또 경쟁에서 이겨봐야 얻는 게 별것 없는 경우가 대부분이다.

- 사람들의 삶은 정규분포를 따른다.
- 키, 몸무게, 소득이나 재산도 정규분포를 따른다.
- 사람들의 생각도 정규분포를 따른다.
- 사람들은 대부분 비슷한 생각을 한다.
- 정규분포의 중앙이 아닌 양쪽 끝의 생각에 주목하라.
- 창의적이고 혁신적인 생각은 분명 거기에 있다.

정규분포

이런 질문을 해보자.

Q. 로또에서 '1, 2, 3, 4, 5, 6' 이렇게 6개의 숫자를 선택한다면 1등에 당첨될 확률이 더 높을까? 낮을까? 같을까?

확률에 대한 지식이 있는 사람이라면 45개의 숫자 중 6개를 고르는 로또에서는 어떤 숫자 6개를 골라도 확률이 모두 같다는 것을 알고 있을 것이다. 즉, '1, 2, 3, 4, 5, 6'을 선택하는 것이나 임의로 어떤 숫자 6개를 선택하는 것이나 1등에 당첨될 확률은 모두 같다.

그런데 '1, 2, 3, 4, 5, 6'을 선택하는 사람이 9,000명 이상이라고 한다. 예상외로 사람들이 가장 많이 선택하는 숫자 조합인 것이다. 로또는 1등 당첨금을 1등을 한 사람들이 나누어 갖는다. 만약 '1, 2, 3, 4, 5, 6'을 선택해 1등에 당첨되어도 9,000명 이상의 사람들과 1등 상금을 나눠야 하므로, 계산해 보면 판매량에 따라 금액이 달라질 수 있지만 1등 당첨금으로 많지 않은 140~150만 원 정도 받게 된다.

우리는 새로움으로 창의적인 결과를 만들어가야 한다는 것을 알고 있다. 하지만 현실에서는 새로움보다는 기존의 생각, 지금까지의 관행을 따르려고 한다. 왜냐하면 그것이 더 안전할 것이라고 생각하기 때문이다.

하지만 똑같이 안정을 추구하는 사람들과 치열하게 경쟁하다가는 안정도 빼앗길 수 있다는 것을 알아야 한다. 또한 안정을 추구하기 위해 도전을 포기한다면 새로움이 주는 즐거움을 얻지 못할 것이다.

두려워서 남과 같은 것만을 선택하고 남과 같은 방법으로만 하며 안정을 보장 받으려고 하는 것은 오히려 안정을 해치는 역설적인 결과를 가져올 뿐이다.

안정을 보장 받으려는 생각이 안정을 위협하는 가장 큰 위험인 것이다. 도전이란 두려움을 극복하고 새로움으로 나아가는 것이다. 그렇게 새로움으로 나아가는 도전이 바로 창의성을 발휘하는 기본 조건인 것이다.

"안정을 위해 기회를 포기한다면 결국 둘 다 얻지 못할 것이다."

█ 창의성의 핵심은 자신의 답을 만드는 것

자신의 지식을 이용해 단순하게 계산하며 짜인 틀 안에서 생각하는 방법은 중간 프로세스를 진행할 수는 있지만 새로운 것을 시작하지는 못한다. 앞에서 창의성을 발휘하고 혁신이 일어나기 위해서는 지식이나 사실관계의 확인만이 아닌 동화적인 상상력이 필요하다고 했다. 상상력은 엉뚱한 생각만을 의미하는 것이 아니다. 사실에 대해 내가 갖는 주관적인 생각이 어쩌면 상상력이다. 객관적인 사실보다 주관적인 생각이 더 중요하다. 사람들은 같은 것을 보면서도 모두 다른 생각을 하기 때문이다.

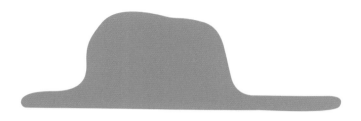

생텍쥐페리(Saint Exupery)의 《어린왕자》에 나오는 코끼리를 삼킨 보아뱀이다. 사람들은 누구나 자기에게 익숙한 방법으로만 보기 때문에 이 그림을 모자 정도로만 본다. 코끼리를 삼킬 만큼 큰 뱀이 있다는 것을 모르는 사람들은 이 그림이 뱀을 그린 것이라고는 상상하지 못할 것이다.

그림 **임현석**

그렇다면 상상력, 창의력은 어떻게 발휘할 수 있을까?

우선, 창의성에 대해 자신의 생각을 정리해보자. 생각을 정리하는 좋은 방법 중 하나는 핵심이 되는 것 하나를 찾아보는 것이다. 하나의 중요한 핵심을 찾는 것은 생각을 정리하는 방법이면서, 그것을 실행에 옮길 수 있게 하는 매우 좋은 생각의 기술이다.

그런 의미에서 창의성의 핵심을 찾아보자. 처음부터 하나를 찾기 어렵다면 먼저 몇 가지를 써보고 그 중 좀 더 중요한 것을 고르는 방식으로 하나를 찾아도 좋겠다. 다음 질문에 자신의 생각을 써보자.

창의성의 핵심은 ⬚⬚⬚⬚⬚⬚⬚⬚ 이다.

이 질문에는 다양한 답이 나올 것이다. 사람들이 많이 쓰는 단어는 이런 것들이다. 다양성, 르네상스, 연결, 상상하기, 역발상, 모방, 생각의 노동, 생각의 숙성, 창조적 자신감, 소통 공감 등이 그것이다.

이런 많은 요소들 가운데 무엇보다 중요한 창의성의 핵심은 '자신의 답을 만드는 것'이다.

창의성의 핵심

창의성은 어떻게 발현되는가? 사람들은 생각을 더하고 빼고 하는 발상 기법에서 창의성이나 아이디어가 만들어진다고 생각한다. 물론 그런 방법이 도움이 될 것이다. 하지만 그것이 창의성의 핵심은 아니다. 아이디어 발상 기법을 익혔다고 모두 아이디어를 '빵빵' 만들어낸 다면 창의성에 대해 고민하지도 않을 것이다. 창의성의 핵심은 기술적인 것에 있지 않다. 마음가짐에 있다. 특히 다른 사람이 정해놓은 것만 따라가고 남의 눈치만 보는 마인드로는 아무리 좋은 아이디어 발상 기법을 익혔다고 해도 말짱 '꽝'이다.

눈에 보이는 것보다 보이지 않는 것이 더 중요하다. 빙산의 보이는 부분보다 바다 속에 숨은 보이지 않는 부분이 더 큰 것처럼, 눈에 보이지 않는 창의적인 마인드가 창의성을 만든다. 창의적 마인드의 핵심은 '정답이 아닌 자신의 답을 만드는 것'이다.

창의성의 핵심은 ┌정답이 아닌 자신의 답을 만드는 것┐ 이다.

▌ 창의성은 정답에서 나오지 않는다

○ 정답을 찾는 습관이 창의성을 죽인다

사람들이 알고 싶어 하는 정답에 대해 생각해보자. 정답이란 무엇일까? 우리가 생각하는 정답이란 다른 사람들의 생각일 뿐이다.

정답이란 기존에 형성되어 있는 고정관념이다. 사람들이 일반적으로 생각하는 고만고만한 생각이 정답인 것이다. 정답이란 어제까지의 상황에서 만들어진 것이기 때문에 오늘의 상황에 잘 맞지 않을 가능성이 높다. 또 나의 특수한 상황을 고려해 만들어진 것이 아니기 때문에 나의 문제를 해결하기는 어려운 경우가 대부분이다.

❖ 다른 사람들의 생각
❖ 기존의 생각
❖ 어제까지의 상황에서 만들어진 생각
❖ 자신의 상황을 반영하지 않은 생각

그런데도 사람들은 정답을 찾는다. 남이 만들어놓은 정답을 따르려고만 한다. 그것이 더 손쉽게 문제를 해결하고, 더 안전한 방법이라고 생각하기 때문이다. 실제로는 그렇지 않다. 다른 사람들과 비슷하게 생각하고, 같은 방법으로 행동하는 것이 더 안전하다고 생각하는 것이 바로 대표적인 고정관념이다.

사실 "창의성이란 남과 다른 것을 하라"는 것이다. 앞에서 지적했듯이 안정을 보장받으려고 남과 같은 방법으로 하는 것은 오히려 안정을 해치는 역설적인 결과를 가져올 뿐이다. 또 정답을 따라가려고만 하는 사람은 자신의 문제를 자신이 해결하지 않고 다른 사람에게 의지해 해결하려는 마음을 갖는 것이다. 자신의 생각을 믿지 못하기 때문에 남들이 만들어놓은 정답에 의지하는 것이다.

정답이 아닌 '자신의 답'을 만들기 위해서는 먼저 자신을 믿고 자신감과 철학을 갖는 것이 필요하다.

일상생활에서 우리가 만나는 문제들은 사실 정답이 없는 문제들이다. 정답이라고 생각하는 것은 다시 한 번 생각해보면 그것은 그냥 인기 있는 누군가의 의견일 뿐이다. 선생님이 점수를 주는 학교 시험의 정답과는 전혀 다른 것이다. 정답이 없는 문제의 정답을 찾으려는 것이 어쩌면 처음부터 잘못된 출발인 것이다.

> **"우리가 듣는 모든 것은 사실이 아니라, 누군가의 의견일 뿐이다.**
> **우리가 보는 모든 것은 진실이 아니라, 우리의 시각일 뿐이다."**
> _ 마르쿠스 아우렐리우스(Marcus Aurelius)

○ 정답이 아닌 자신의 답으로 정답을 만들어야 한다

차별화를 하는 가장 좋은 방법은 자신만의 모습을 갖는 것이다. 사람마다 지문이 모두 다른 것처럼 사람은 각기 고유한 성향과 특징을 갖고 있다. 그런 자신의 모습을 드러내고 표현하는 것에서 출발해 자신의 답을 만드는 것이 차별화되고 독특한 창의적인 생산물을 만드는 가장 좋은 방법이다.

정답이 아닌 자신의 답을 만들어라	자신의 답을 정답으로 만들어라

차별화된 자신만의 모습

창의력을 발휘하고 혁신적인 성과를 올리는 사람들을 보면 자신이 답을 만들고 자신의 답을 어떻게 해서든 정답으로 만들었음을 알 수 있다. 불확실하고 애매모호한 현실에서 정답이 없는 문제에 대해 남이 만든 답보다는 자신이 만든 답을 더 믿는 것이다.

우리가 풀어가야 할 일들은 아무도 가보지 않은 곳으로 가는 여행과도 같은 것이다. 아무도 가지 않은 길을 안내하는 지도는 없다. 아무도 가본 적이 없는 곳을 여행하면서 그곳의 지도를 찾는 것은 바보 같은 생각인 것이다. 정답이 없는 문제에 남이 만들어놓은 정답을 찾고 의지하기보다는 자신이 답을 만들고 자신의 답을 정답으로 만들어가는 자신감과 노력이 필요하다.

2.

논리적 사고의
이해

논리적 사고는 직장생활 중에서 지속적으로 요구되는 능력이
다. 논리적인 사고력이 없다면 아무리 많은 지식을 가지고 있더라도
자신이 만든 계획이나 주장을 주위 사람에게 이해시켜 실현시키기 어
려울 것이다.

또한 같은 내용을 담은 기획안이라고 할지라도 논리적인 설명을 하
느냐, 그렇지 못하느냐에 따라 받아들이는 사람의 반응은 많은 차이
를 보일 수 있다.

▍논리적 사고의 구성요소

논리적인 사고를 하기 위해서는 다음 그림과 같이 △생각하는 습
관, △상대 논리의 구조화, △구체적인 생각, △타인에 대한 이해, △설
득의 5가지 요소가 필요하다.

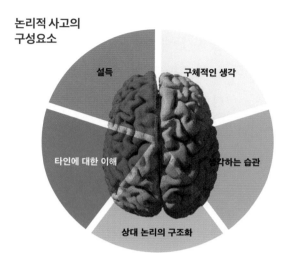

논리적 사고의
구성요소

설득

구체적인 생각

타인에 대한 이해

생각하는 습관

상대 논리의 구조화

○ 생각하는 습관

논리적 사고에 있어서 가장 기본이 되는 것은 늘 생각하는 습관을 들이는 것이다. 생각할 문제는 우리 주변에서 쉽게 찾아볼 수 있으며, 특정한 문제에 대해서만 생각하는 것이 아니라 일상적인 대화, 회사의 문서, 신문의 사설 등 어디서 어떤 것을 접하든지 늘 생각하는 습관을 들이는 것이 중요하다.

"이것은 조금 이상하다", "이것은 재미있지만, 왜 재미있는지 알 수 없다"라는 의문이 들었다면, 계속해서 왜 그런지에 대해서 생각해보아야 한다. 특히 이런 생각은 출퇴근길, 화장실, 잠자리에 들기 전 등 언제 어디에서나 의문을 가지고 생각하는 습관을 들여야 한다.

○ 상대 논리의 구조화

상사에게 제출한 기획안이 거부되었을 때, 자신이 추진하고 있는 프로젝트를 거부당했을 때, 왜 그럴까? 왜 자신이 생각한 것처럼 되지 않을까? 만약 된다고 한다면 무엇이 부족한 것일까? 생각하기 쉽다.

그러나 이때 자신의 논리로만 생각하면 독선에 빠지기 쉽다. 이때에는 상대의 논리를 구조화하는 것이 필요하다. 상대의 논리에서 약점을 찾고, 자신의 생각을 재구축한다면 분명히 다른 메시지를 전달할수 있다. 자신의 주장이 받아들여지지 않는 원인 중에 상대 주장에 대한 이해가 부족하다고 하는 것이 있을 수 있다.

○ 구체적인 생각

상대가 말하는 것을 잘 알 수 없을 때에는 구체적으로 생각해 보아야 한다. 업무 결과에 대한 구체적인 이미지를 떠올려 본다던가, 숫자를 적용한 표현 방법을 활용하여 구체적인 이미지를 그리면 단숨에 논리를 이해할 수 있는 경우도 많다.

○ 타인에 대한 이해

상대의 주장에 반론을 제시할 때에는 상대 주장의 전부를 부정하지 않는 것이 좋다. 동시에 상대의 인격을 부정해서는 안 된다.

예를 들어 "당신이 말하고 있는 것의 이 부분은 이유가 되지 못 한다"고 하는 것은 주장의 부정이지만, "이런 이유를 설정한다면 애당초 비즈니스맨으로서는 불합격이다"라고 말하는 것은 바람직하지 못하다. 반론을 하던 찬성을 하던 논의를 함으로써 이해가 깊어지거나 논점이 명확해지고, 새로운 지식이 생기는 등 플러스 요인이 생기는 것이 바람직하다.

논리적 사고의 기초, 설득

논리적인 사고는 고정된 견해를 낳는 것이 아니며, 더구나 자신의 사상을 강요하는 것도 아니다. 자신이 함께 일을 진행하는 상대와 의논하기도 하고 설득해 나가는 가운데 자신이 깨닫지 못했던 새로운 가치를 발견하고 생각해 낼 수가 있다. 또한 반대로 상대에게 반론을 하는 가운데 상대가 미처 깨닫지 못했던 중요한 포인트를 발견할 수 있다.

○ **논리적 사고의 단계** Fermi Estimate 5 Step

페르미 추정은 기본적으로 다음 5단계로 진행한다.

① 전제 인식 → ② 접근법 설정 → ③ 모델화 → ④ 계산 실행 → ⑤ 현실성 검증

여기서는 '한국에 가방이 몇 개 있을까?'라는 문제를 예로 들어 5단계를 차례대로 설명하면 다음과 같다.

① 전제 인식 단계

전제 인식 단계에서는 '가방'을 어떻게 정의하는가정의, 어떤 가방을 셀까범위의 한정를 결정해야 한다. 가방의 종류도 보스턴백 같이 큰 것부터 파이치처럼 가방이라고 해야 하는지 헷갈리는 것까지 다양하다. 소유자를 중심으로 봐도 상점에 진열되어 있는 '법인이 소유한 가방'과 고등학생이 학교에 가지고 다니는 '개인이 소유한 가방' 등이 있다.

따라서 처음에 '어떤 가방을 셀까'에 초점을 두고 가방을 정의하고 범위를 한정하지 않으면, 나중에 무엇을 세고 있는지 혼란스러워진다. 먼저 가방을 '정의'하고, 이어서 세는 '범위를 한정'해보자.

② 접근법 설정 단계

다음으로 접근법 설정에서 기본 식을 만든다. 모델화 단계와의 차이를 감각적으로 설명하면, 접근법 설정은 '가로로 전개'하는 식을 생각하는 데 비해 모델화는 '세로로 분해'하는 식을 생각한다는 것이다.

'한국에 가방이 몇 개 있을까?'라는 문제에서 '개인이 소유하고 있는 가방'으로 범위를 한정해 접근법을 설정하면 "한국에 있는 가방의 수 = 한국인구 × 평균적으로 소유한 가방의 수"라는 식을 만들 수 있다.

또한 접근법 설정을 할 때는 '무엇을 기준으로 세는가'를 명확하게 해야 한다. 여기서 '기준'이란 위의 식을 만들 때 중심축이 되는 요소다. 흔히 사용하는 기준에는 '면적 기준'예, 전봇대가 몇 개 있을까?, '개인 기준'예, 귀걸이가 몇 개 있을까?, '가구 기준'예, 자동차는 몇 대 있을까?이 있다. '한국에 가방이 몇 개 있을까?'라는 문제는 한국 인구를 식에 대입시켜서 구하는 '개인 기준' 문제다.

그런데 이 식만으로는 가방 수가 시원하게 구해지지 않는다. 엄밀히 말하면, 수치는 구할 수 있지만 근거가 빈약한 가설을 기준으로 하는 엉성한 수치가 된다.

한국 인구는 5천 1백만 명이다. 한국 인구 문제는 해결했지만 한국인이 평균적으로 소유한 가방 수로 가면, '으음, 잘 모르겠지만 대략 2개!'라는 식으로 근거가 부족한 수치를 제시할 수밖에 없다. 따라서 확실한 근거에 기초한 수치를 제시하고, 더 정확한 식을 만들기 위해서는 다음의 모델화 과정이 필요하다.

③ 모델화 단계

모델화는 위의 식에 나온 한국 인구나 평균적으로 소유한 가방 수를 세로로 분해하는 것이다. 모델화 방법에는 여러 가지가 있는데 예를 들면,

한국인 인구수 × 평균적 소유한 가방 수

⬇   ⬇

남녀 × 세대별 인구(0~80살) × 각각의 집단이 평균적으로 소유한 가방 수

이처럼 한국 인구를 성별과 연령별0~80세로 분해하면 '여성은 남성보다 가방을 많이 가지고 있다', '10세 미만은 20세 이상 성인에 비해 가방을 적게 가지고 있다' 등 각 집단이 평균적으로 소유한 가방 수를 구체적으로 상상할 수 있다.

여기에서 '구체적인 상상직감' 하나하나에 대해 논리적인 근거를 제시할 수 있어야 하는 건 아니다. '여성은 남성보다 가방을 많이 가지고 있다'라는 가정만 봐도 논리적으로 세세하게 분석하면 끝이 없다. '여성은 남성보다 패션에 관심이 많다' → '패션으로 가방을 사서 만족감을 느끼는 경우가 더 많다' → '여성은 남성보다 가방을 많이 가지고 있다' 등 적당히 하는 게 좋다. 즉, 가능한 정도로만 정확성을 담보하고 듣는 사람이 납득할 만한 가설이라면 충분하다.

④ 계산 실행 단계

접근법 설정_{가로로 전개}과 모델화_{세로로 분해} 과정을 거쳐 세밀한 식을 만들고 나면 각각의 요소에 수치를 대입할 수 있기에, 이제 계산 실행 단계로 넘어간다. 계산 실행은 속도와 정확성을 요구한다. 계산은 항상 신속하고 정확하게 해야 하지만, 페르미 추정에서는 어림수로 바꿔서 계산하는 방법을 이용한다.

앞에 나온 '가방 수' 식에 수치를 대입한 결과, 325만(명) × 47(개)라고 하는 계산식이 나왔다 하더라도 "계산에 시간이 걸리겠다" 혹은 "자칫 계산이 틀리겠다" 싶으면, 325만(명) × 47(개) ≒ 325만(명) × 50(개) = 162만(명) × 100(개) = 1억 6,200만(개)라고 계산해도 상관없다.

페르미 추정의 원래 목적이 '100% 정확한 수치를 구하는' 것이 아니라 '수를 구하는 계산식을 만들고', '개략적인 수치를 빠른 시간에 구하는' 것이기 때문에 '어림수로 바꿔 계산'해도 된다.

⑤ 현실성 검증 단계

현실성 검증 단계는 앞 단계에서 자신이 설정한 계산식이 올바른지, 결과적으로 나온 수치가 정확한지 확인한다는데 의미가 있다.

현실성을 검증해서 추정치가 실제 수치에 가까웠을 때 기쁨을 맛볼 수 있다. 전략 컨설팅회사 면접에서 페르미 추정 문제가 나왔을 때, 터무니없는 수치를 제시한다면_{예, 한국에 있는 가방 수가 1조 개입니다 등} 어떻게 될까? 컨설팅 전문가에게 '수치가 조금 이상하지 않느냐?'고 날카롭게 추궁 받을 것이다. 따라서 면접의 경우에도 현실성 검증 단계가 있다.

3.

비판적 사고의
이해

▌기존의 방식에 익숙한 뇌

우리의 뇌는 효율을 높이는 방향으로 작동하기 때문에 대충대충 일을 처리하고 해오던 패턴대로만 움직인다고 한다. 기본적으로 착각과 실수를 하는 것이 자연스러운 것이다. 때문에 우리는 의도적으로 자신의 생각을 확인하고 다른 사람의 의견을 비판적으로 생각해봐야 한다. 다음의 문장은 자연스럽게 읽힌다. 왜냐하면 우리의 뇌가 일을

> 캠브리지 대학의 연구결과에 따르면, 한 단어 안에서 글자가 어떤 순서로 배되열어 있는가 하는 것은 중요하지 않고, 첫째번와 마지막 글자가 올바른 위치에 있것는이 중하요다고 한다. 나머지 글들자은 완전히 엉진창망의 순서로 되어 있지을라도 당신은 아무 문없제이 이것을 읽을 수 있다. 왜하냐면 인간의 두뇌는 모든 글자를 하나하나 읽는 것이 아니라 단어 하나를 전체로 인하식기 때문이다. 우리는 무식의적으로 이렇게 한다.

대충대충 하기 때문이다. 문장을 다시 꼼꼼히 읽고 나면 그 의미를 잘 파악할 수 있다. 실제로 이 문장은 올바른 단어가 아니다. 처음과 마지막 글자만 올바르고 나머지는 올바른 순서가 아니지만 읽는데 크게 어려움이 없었다는 것이다.

우리가 엉뚱하게 생각하고 착각하는 것은 어떻게 보면 다음과 같은 착시를 닮았다.

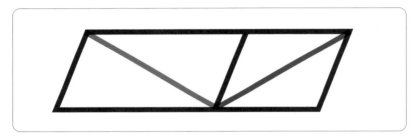

평행사변형과 대각선(1)

위의 평행사변형에는 두 개의 대각선이 있다. 이 두 개의 대각선은 길이가 같다. 하지만 우리 눈에는 왼쪽 대각선이 오른쪽보다 더 길어 보인다. 우리의 눈이 틀린 것이다. 우리의 눈이 착각을 하는 것은 우리의 생각이 착각을 하고 있다는 의미로 받아들일 수 있다.

이렇게 우리의 생각은 자주, 쉽게 틀린다. 생각을 확인하는 과정이 필요한 이유다. 이 글을 읽고 있는 사람들 중 많은 사람은 "아, 그렇구나!"하고 그냥 지나쳤을 것이다. 그런데 좀 더 확실하게 확인하는 사람이라면 자를 들고 위에 있는 평행사변형의 두 대각선이 진짜 길이가 같은지 확인했을 것이다.

다음 그림처럼 확인하지 않은 사람이라면 지금이라도 확인해보라.

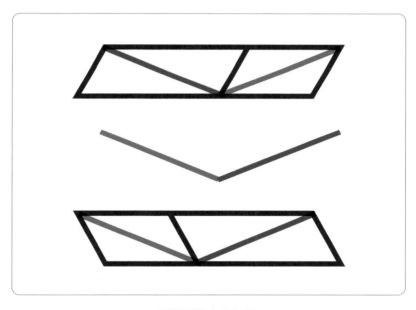

평행사변형과 대각선(2)

재미있는 것은 오른쪽 선과 왼쪽 선을 둘러싸고 있는 평행사변형을 반대방향으로 그리면 이번에는 왼쪽 선이 아닌 오른쪽 선이 더 길어 보인다는 사실이다. 이렇게 우리의 생각은 주변 상황이나 환경에 쉽게 영향을 받고 착각한다. 그래서 자신의 생각을 자주 확인해봐야 한다.

▌비판적 사고법

다음과 같은 자동차 관련 뉴스를 살펴보자. 다음 뉴스들은 실제 신문에 나왔던 뉴스라고 한다.

- 집 근처에서 운전하는 것이 고속도로에서 운전하는 것보다 더 위험하다. 교통사고가 일어난 위치를 통계 낸 자료에 따르면 자동차 사고의 대부분이 운전자의 집 근처에서 일어났다. 고속도로에서 일어나는 사고는 전체 사고에서 차지하는 비율이 상대적으로 낮았다. 따라서 집 근처보다는 고속도로가 더 안전하다.
- 어떤 조사에 따르면 자동차 사고로 죽은 운전자 10명 중 6명이 안전띠를 매고 있었고 4명은 그렇지 않았다. 따라서 운전 중 안전띠를 매지 않는 것이 더 안전하다.
- 여자는 남자보다 운전을 더 잘한다. 교통사고를 낸 사람들의 통계자료를 보면 전체 교통사고는 대부분 남성 운전자에 의해서 일어난다. 대부분의 여성 운전자는 교통사고를 내지 않는다. 따라서 여자는 남자보다 운전에 더 소질이 있다.

위에서 나온 어처구니 없는 말들이 실제로 신문이나 몇몇 매체에 진지하게 소개된 적이 있다. 다른 사람의 말이나 통계자료를 비판적인 사고를 거치지 않고 그냥 받아들였기 때문에 잘못된 결론을 도출한 것이다. 가령, 교통사고가 집 근처에서 더 많이 일어나는 것은 그

곳을 더 많이 다니기 때문이다. 안전띠 역시 대부분의 사람들이 안전 띠를 매고 있기 때문에 교통사고를 당한 사람들 중에 안전띠를 매지 않은 사람보다 안전띠를 맨 사람의 숫자가 더 많은 것이다. 또 교통사 고 운전자의 경우 면허만 발급받고 실제 운전을 하지 않는 여자들이 많기 때문에 여자들의 교통사고가 적은 것도 당연한 일이다.

비판적 사고 없이 그냥 숫자를 보면 엉뚱한 결론을 내리게 된다. '지 난해 발표된 연구보고서에 따르면, 우리나라의 매년 혼인한 2쌍 중 1쌍이 이혼 한다'는 기사는 맞는 것일까?

통계자료를 잘못 인용해 '2쌍 중 1쌍이 이혼하고 있다'라는 잘못된 판단을 내리는 사람들도 많다. 물론 통계청에서 조사한 숫자가 틀린 것은 아니다. 통계가 잘못된 것이 아니라 통계의 해석이 틀린 것이다. 2013년 혼인 건수는 32만 2,800건이고 이혼 건수는 11만 5,300건이 다. 이 수치를 보고 우리나라 이혼율은 35.7%라고 성급한 판단을 내 리면 안 된다. 여기서 혼인 건수는 2013년 혼인 신고한 부부를 의미하 며, 이혼 건수는 이들이 아닌 2013년 한 해 전체 이혼한 부부들의 이 야기다. 즉, 혼인과 이혼은 다른 사람의 수치인 것이다.

빅데이터가 현명함을 주는 것이 아니다. 빅데이터의 올바른 해석이 현명함을 만드는 것이다. 그렇다면 올바른 생각은 무엇일까?

국제 통계 기준인 조이혼율을 따져봐야 한다. 2013년 기준 인구 1,000명당 이혼 건수는 2.3건이다. 안타깝게도 조이혼율로 따져보아도 다른 나라와 비교할 때 우리나라의 이혼율이 높은 수준인 것은 사실이다. 하지만 앞에서 이야기한 2쌍 중 1쌍의 비율은 아니다.

이처럼 자신의 생각을 확인하는 비판적 사고는 맹목적으로 상대의 의견에 동조하기보다는 주체적이고 주도적인 생각을 하는 것이다. 남의 말에 무조건 고개를 끄덕이는 것이 아니라 그것이 맞는지 틀린 것인지를 따져보고 생각해보는 것이다.

▌ 비판 VS 비난

비판적 사고의 사전적 정의는 '사물의 옳고 그름을 가리어 판단하거나 밝히는 것'이다. 우리가 주의해야 할 것은 비판과 비난을 구분하는 것이다.

비난은 '남의 잘못이나 결점을 책잡아서 나쁘게 말하는 것'으로 감정적이고 부정적인 의미가 있다. 하지만 비판에는 부정적인 의미가 전혀 없다. 올바른 비판을 하기 위해서는 감정을 배제해야 한다. 단지 옳고 그름을 분석하고 판단만 하는 것이 비판적 사고다.

"비난은 하지 말고 비판을 하라"는 말을 우리는 자주 한다. 나의 생각도 다른 사람의 의견도 비판적으로 바라볼 때 더 좋은 생각으로 발전하는 것이다.

생각을 확인하는 가장 좋은 방법은 질문을 하는 것이다. 때때로 의도적으로 "왜?"라는 질문을 던져보는 것이다. 당연한 상식에 "왜?"라는 질문을 던지는 것이다. 가령, 사람들은 '고객은 왕'이라고 한다. 기업가는 고객을 왕으로 생각하는 마인드를 가져야 성공한다고 생각한다. 이것이 당연한 것이고 상식이다.

하지만 어떤 회사들은 "왜 고객이 왕이지?"라는 질문을 한다. 그들은 "직원이 왕이다"라는 결론을 낸다. 실제로 많은 글로벌 컴퍼니들이 직원들을 위한 서비스를 늘리고 정말 왕처럼 대한다. 직원들에게 복지와 혜택을 주며 왕처럼 대함으로서 직원들이 자신의 일에 몰입해 더 좋은 성과를 올리게 하는 것이다.

작은 규모로 장사를 하는 곳도 마찬가지다. '손님은 왕이다'는 슬로건으로 종업원을 교육시키는 사장이 있다. 반면, 어떤 사장은 손님도 중요하지만 실제로는 '직원이 왕이다'는 신뢰감을 직원들에게 준다. 손님과 종업원 간에 다툼이 생겨도 손님 편이 아닌 종업원 편을 든다. 이렇게 장사하는 사장은 한두 번 손님을 잃을 수 있고 손해를 볼 수도 있다. 하지만 자신을 신뢰하는 사장에게 충성심을 갖게 된 종업원들이 자기 가게처럼 더 열심히 일해 장기적으로는 매출을 더 올릴 수도 있다. 남들이 하듯이 따라 하고 남들이 좋다고 하는 것을 따라 하기보다는 "왜 그렇게 하는 걸까?"라는 질문을 반드시 해야 한다. 특히 비즈니스에서는 그런 질문을 던져 남들과 다른 답을 찾는다면 거기에 큰 기회가 있다.

모순은 문제의 본질이자 혁신의 원동력이다. 모순을 회피하거나 부정하는 것이 아니라, 이를 정확히 인식하고 창조적으로 해결하는 과정에서 진정한 발전이 이루어진다. 특히 현대 사회의 복잡한 문제들을 해결하기 위해서는 모순에 대한 더 깊은 이해와 체계적인 해결 방법론이 필요하다. 이는 단순한 기술적 해결을 넘어서는 총체적 접근을 요구한다.

제2장
창의적 사고를 위한
모순 이해와 변증법

1.

모순의 기본 개념

▎모순의 어원과 역사적 의미

모순矛盾이라는 단어는 중국 고대 사상에서 유래했다. '모矛'는 창을, '순盾'은 방패를 의미하는데, 이는《한비자韓非子》에 나오는 유명한 고사에서 비롯되었다.

이 고사는 한 상인이 "무엇이든 뚫을 수 있는 창"과 "무엇이든 막을 수 있는 방패"를 동시에 팔면서 발생한 논리적 모순을 지적한다. 이 상황은 양립 불가능한 두 가지 조건이 동시에 존재하는 상태를 상징적으로 보여준다.

이 고사가 현대까지 전해지는 이유는 모순의 본질을 정확하게 포착했기 때문이다. 모든 것을 뚫는 창과 모든 것을 막는 방패는 동시에 존재할 수 없다는 점에서, 이는 현실 세계에서 마주치는 다양한 모순적 상황의 원형을 보여준다.

무엇이든 뚫는 창

무엇이든 막는 방패

矛盾

그림 **임현석**

▌현대적 의미의 모순

현대 사회에서 모순은 단순한 논리적 대립을 넘어서는 의미를 가진 다. 이는 시스템 발전의 핵심 동력이자 혁신의 출발점으로 인식된다. 현대적 의미의 모순은 다음과 같은 특징을 가진다.

첫째, 대립성이다. 서로 상반되는 요구나 조건이 동시에 존재한다. 예를 들어, 기업이 제품의 품질은 높이면서 동시에 가격은 낮추어야 하는 상황이 이에 해당한다.

둘째, 필연성이다. 모순은 시스템이 발전하는 과정에서 필연적으로 발생한다. 이는 회피의 대상이 아니라 해결해야 할 과제로 인식되어야 한다.

셋째, 발전성이다. 모순을 해결하는 과정에서 새로운 혁신과 진보가 이루어진다. 이는 모순이 가진 가장 중요한 특징이다.

모순은 문제의 본질이자 혁신의 원동력이다. 모순을 회피하거나 부정하는 것이 아니라, 이를 정확히 인식하고 창조적으로 해결하는 과정에서 진정한 발전이 이루어진다. 특히 현대 사회의 복잡한 문제들을 해결하기 위해서는 모순에 대한 더 깊은 이해와 체계적인 해결 방법론이 필요하다. 이는 단순한 기술적 해결을 넘어서는 총체적 접근을 요구한다.

2.

변증법적
사고의 발전

▍모순을 통한 발전의 철학, 변증법

변증법은 단순한 이론적 개념이 아니라, 세계가 변화하고 발전하는 방식을 설명하는 철학적 방법론이다. 이는 우리가 일상에서 경험하는 갈등과 대립을 단순히 피해야 할 문제가 아니라, 더 나은 방향으로 나아가기 위한 과정으로 바라보게 만든다.

철학자들은 오래전부터 변증법적 사고를 통해 진리를 탐구하고, 사회와 사상의 발전을 설명하고자 했다.

○ 소크라테스의 대화법과 변증법의 시작

변증법적 사고의 기원은 고대 그리스 철학자 소크라테스Socrates에서 찾을 수 있다. 그는 진리를 찾아가는 과정에서 대화와 질문을 중요한 도구로 사용했다. 사람들은 흔히 자신이 어떤 사실을 알고 있다고 생각하지만, 소크라테스는 이를 확인하기 위해 질문을 던졌고, 결국 상대가 자신의 무지를 깨닫게 만들었다. 이러한 방법을 통해 그는 더 깊은 깨달음에 도달할 수 있도록 도왔다.

① 질문을 통해 모순을 드러내다

소크라테스는 철학적 대화를 통해 상대방의 주장을 검토하고, 그 안에 숨겨진 모순을 찾아냈다. 이를 문답법Elenchus, 엘렝코스이라고 한다. 이 방법은 단순히 상대를 논리적으로 무너뜨리는 것이 아니라, 더 깊은 진리를 탐구하기 위한 과정이었다.

예를 들어, 어떤 사람이 "용기란 두려움을 모르는 것이다"라고 주장하면, 소크라테스는 다음과 같은 질문을 던진다.

그림 **임현석**

"그렇다면, 무모한 행동도 용기라고 할 수 있는가?"

"두려움을 아예 모르는 사람과 두려움을 극복하는 사람 중 누가 더 용기 있는 사람인가?"

이렇게 연속적인 질문을 통해 상대방은 자신의 주장이 완벽하지 않다는 것을 깨닫고, 더 깊이 사고하게 된다. 이를 통해 단순한 의견이 아닌 보다 정교하고 근거 있는 개념이 형성된다.

▎진리는 스스로 발견하는 것

소크라테스는 자신의 대화법을 산파술Maieutics, 마이에우티케이라고도 불렀다. 그는 철학자의 역할을 지식을 주입하는 사람이 아니라, 상대가 스스로 진리를 발견하도록 돕는 존재로 보았다. 마치 산파가 아기를 낳을 수 있도록 돕는 것처럼, 철학자는 올바른 질문을 던짐으로써 상대가 스스로 깨닫게 해야 한다는 것이다.

그는 "나는 아무것도 가르치지 않는다. 다만, 사람들이 이미 가지고 있는 지식을 끌어낼 뿐이다"라고 말했다. 이는 변증법의 핵심적인 개념으로 진리는 외부에서 강요되는 것이 아니라, 논리적 사고와 탐구를 통해 발견되는 것이라는 철학적 원칙을 보여준다.

이러한 대화법은 이후 서양 철학의 토대가 되었으며 변증법의 발전에도 중요한 역할을 했다.

▍헤겔의 변증법적 발전

　시간이 흐르면서 변증법은 더 체계적인 철학적 방법론으로 발전했다. 독일의 철학자 게오르크 빌헬름 프리드리히 헤겔Georg Wilhelm Friedrich Hegel은 변증법을 보다 구체적으로 정리하고, 이를 역사와 사회의 발전 과정을 설명하는 도구로 활용했다.

○ 정正 - 반反 - 합合의 과정
　헤겔은 변증법적 발전을 세 단계로 나누어 설명했다. 이 과정은 단순한 논쟁이 아니라, 더 높은 차원으로의 발전을 의미한다.

　① 정正, Thesis : 기존의 상태나 개념
　② 반反, Antithesis : 기존 개념과 충돌하는 반대 개념
　③ 합合, Synthesis : 두 개념이 대립하며 새롭게 탄생한 발전된 개념

○ 정치의 발전 과정을 설명한 헤겔의 변증법 사례

　① 정正 : 전제정치
　과거에는 한 명의 군주가 절대적인 권력을 가지고 나라를 다스렸다.
　② 반反 : 자유와 평등을 위한 혁명
　시민들은 왕의 권력이 너무 강하다고 생각했고, 이를 변화시키기 위해 민주주의를 요구했다.

③ **합** : 민주적 제도 확립

> 결국 전제정치와 민주주의의 충돌 속에서 입헌군주제나 의회민주주의
> 같은 새로운 정치 체제가 등장했다.

이처럼 변증법은 사회의 변화와 발전이 모순의 충돌을 통해 이루어
진다는 점을 설명해 준다.

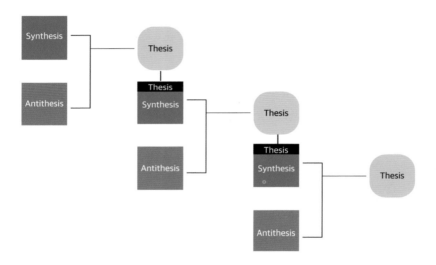

○ 모순을 통해 더 나은 방향으로

헤겔의 변증법은 단순히 '정'과 '반'이 싸워서 끝나는 것이 아니다. 대
립이 일어나더라도 그 과정에서 새로운 해결책이 등장하며, 더 나은
방향으로 발전해 간다는 점이 중요하다. 과거에는 "노동은 하층민이
하는 일"이라는 인식이 있었지만, 산업혁명을 통해 노동의 가치가 변

화했다. 전통적인 가치와 새로운 가치가 충돌하며 문화와 사회는 끊임없이 발전해 왔다. 과학기술 또한 기존 이론과 새로운 발견이 대립하면서 더욱 발전하고 있다. 이처럼 헤겔은 세상의 모든 변화와 발전이 모순을 통해 이루어진다고 보았으며, 이를 통해 역사와 사회의 흐름을 이해할 수 있다고 주장했다.

○ 세상을 이해하는 도구, 변증법

변증법은 단순한 철학 이론이 아니라, 세상이 변화하고 발전하는 방식을 설명하는 사고 방법이다. 소크라테스는 대화를 통해 스스로 진리를 찾도록 유도하는 방법을 개발했고, 헤겔은 이를 체계화하여 사회와 역사, 철학의 발전 과정을 설명했다.

오늘날에도 변증법적 사고는 다양한 분야에서 활용된다. 과학에서는 새로운 가설이 기존 이론과 충돌하며 발전하고, 정치에서는 서로다른 사상이 대립하며 더 나은 체제를 만들어 간다. 또한 기업 경영에서도 서로 다른 전략이 경쟁하며 혁신을 이끌어 낸다.

우리는 살아가면서 크고 작은 모순을 마주하게 된다. 중요한 것은 이 모순을 단순한 갈등으로 볼 것이 아니라, 더 나은 해결책을 찾는 과정으로 이해하는 것이다. 변증법적 사고를 통해 우리는 문제를 해결하고 세상을 더욱 발전시켜 나갈 수 있다.

3.

트리즈_{TRIZ}와
모순 해결의 과학화

트리즈는 소련의 과학자 겐리흐 알트슐러_{Genrikh Saulovich Altshuller}가 개발한 창의적 문제 해결 이론이다. 이는 모순과 변증법적 사고를 기술혁신의 영역에 체계적으로 적용한 것으로 볼 수 있다.

트리즈의 기본 원리

트리즈의 핵심 가정은 "기술 진화의 객관적 패턴으로 기술 시스템의 발전은 우연이 아닌 특정한 패턴을 따른다"와 "모순의 극복인 진정한 혁신은 모순의 타협이 아닌 극복을 통해 이루어진다"는 것이다.

○ 이상성_{Ideality} : 기술 시스템의 진화 원리

우리가 일상적으로 사용하는 기술 시스템은 끊임없이 발전하고 있다. 스마트폰은 해가 갈수록 더욱 얇고 가벼워지면서도 성능은 놀랍도록 향상되고 있으며, 자동차는 이전보다 훨씬 빠르고 효율적으로 진화하고 있다. 이러한 기술의 발전 방향을 설명하는 핵심 개념이 바로 '이상성Ideality'이다.

이상성이란 "좋은 것은 늘어나고, 나쁜 것은 줄어드는 방향으로 시스템이 발전한다"는 법칙을 의미한다. 다시 말해, 모든 기술 시스템은 유용한 기능을 최대화하고 부정적인 효과를 최소화하는 방향으로 진화한다는 것이다. 이는 다음과 같은 간단한 수식으로 표현할 수 있다.

▶ TRIZ의 목표는 이상해결책이다

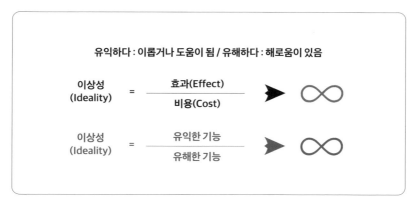

이 수식은 단순해 보이지만, 실제로 기술 발전의 근본적인 원리를 함축하고 있다. 기술이 발전할수록 더 많은 이점을 제공하면서도 비용과 부작용은 감소한다는 것이 이 공식의 핵심이다.

▌트리즈의 핵심 전략

트리즈TRIZ 이론에서는 이상성을 높이기 위한 세 가지 핵심 전략을 제시한다. 첫 번째는 유용한 기능의 증가다. 기술이 발전할수록 제품과 시스템은 더 많은 가치를 제공해야 한다. 예를 들어, 스마트폰의 경우 프로세서 성능을 향상시켜 처리 속도를 높이거나, 카메라 기능을 추가하고, 음성 인식 기능을 적용하는 등 주요 기능을 강화하고 새로운 기능을 추가하는 방식으로 발전한다.

두 번째는 유해한 기능의 감소다. 시스템이 발전할수록 부작용과 불필요한 요소는 줄어들어야 한다. 전자제품의 과열 문제를 해결하기 위한 냉각 기술의 발전이나, 전기차를 통한 연료 소비 감소, 기계의 부품 수를 줄이거나 소프트웨어를 최적화하는 등의 노력이 이에 해당한다.

세 번째는 비용의 최적화다. 기술이 발전하면서 동일한 기능을 수행하는데 필요한 비용은 지속적으로 감소해야 한다. 더 저렴하면서도 내구성이 뛰어난 소재를 사용하거나, 전력 소비를 줄이고, 유지보수가 필요 없는 설계를 적용하는 등의 방법이 여기에 속한다. 자동차의 엔진을 전기모터로 대체하여 유지보수 비용을 줄이는 것도 좋은 예시다.

아이디어의 방향을 알려주는 이상성

이상성의 극한적인 발전 방향을 생각해보면 매우 흥미롭다. 이상적인 시스템은 필요한 기능만 수행하면서도 비용이나 해로운 영향이 전혀 없는 상태를 의미한다. 예를 들어, 휴대전화의 궁극적인 이상은 어떠한 물리적 장비도 필요 없이 생각만으로 상대방과 통화할 수 있는 기술일 것이다. 자동차의 경우에는 연료를 전혀 사용하지 않으면서도 영원히 달릴 수 있는 차가 될 것이다. 물론 이러한 궁극적인 이상은 현실적으로 달성하기 어려울 수 있다. 그러나 이는 기술 발전의 방향을 제시하는 중요한 지표가 된다. 최고의 기술은 '보이지 않는 기술'이라는 말처럼, 이상성이 극대화된 시스템은 그 존재를 인식하지 못할 정도로 자연스럽게 기능을 수행하게 될 것이다.

이상성 개념은 단순한 이론적 개념이 아니라, 더 나은 제품과 기술을 개발하는데 있어 나침반과 같은 역할을 한다. 이상성을 높이려는 노력은 결국 더 혁신적인 기술, 더 편리한 생활, 그리고 지속가능한 발전을 가능하게 만든다. 따라서 우리가 새로운 기술을 접할 때는 단순히 '좋아 보인다'는 감상을 넘어, 그 기술이 어떻게 이상성을 높였는지, 어떤 유해한 요소를 줄였는지를 분석적으로 바라볼 필요가 있다. 이러한 관점은 기술의 발전을 더욱 흥미롭고 의미 있게 이해할 수 있도록 도와줄 것이다.

4.

현대사회의
모순 해결

▌모순의 유형과 특성

○ 기술적 모순의 본질

  기술적 모순은 시스템의 한 측면을 개선하려 할 때 다른 측면이 악화되는 현상을 의미한다. 이는 현대 기술의 발전 과정에서 가장 빈번하게 마주치는 모순의 형태이다. 기술적 모순의 대표적 예시는 자동차 설계에서 찾을 수 있다. 차체를 가볍게 만들면 연비는 좋아지지만 안전성이 저하된다. 반대로 안전성을 높이기 위해 차체를 견고하게 만들면 무게가 증가하여 연비가 나빠진다. 이러한 상황이 바로 기술적 모순의 전형적인 예시이다. 기술적 모순은 다음과 같은 특징을 가진다.

- **상호의존성**: 시스템의 여러 특성이 서로 긴밀하게 연결되어 있어, 한 특성의 변화가 다른 특성에 영향을 미친다. 이는 단순한 해결책으로는 모순을 해결할 수 없게 만드는 주요 원인이 된다.

- **트레이드오프 관계** : 한 특성의 개선이 다른 특성의 저하를 필연적으로 수반한다. 이는 시스템 최적화 과정에서 항상 고려해야 할 핵심 요소이다.
- **시스템적 성격** : 모순은 개별 요소가 아닌 시스템 전체의 관점에서 발생하고 해결되어야 한다. 이는 총체적 접근의 필요성을 시사한다.

○ 물리적 모순의 특성

물리적 모순은 동일한 시스템이 서로 상반된 상태를 동시에 가져야 하는 상황을 의미한다. 이는 기술적 모순보다 더 근본적인 차원의 모순이라고 할 수 있다. 대표적인 예시는 비행기의 착륙장치이다. 착륙장치는 이착륙 시에는 반드시 필요하지만, 비행 중에는 공기저항을 줄이기 위해 없어야 한다.

이처럼 동일한 요소에 대해 상반된 요구사항이 존재하는 것이 물리적 모순의 특징이다. 물리적 모순의 주요 차원은 다음과 같다.

- **시간적 분리** : 시간적 분리는 서로 다른 시점에서 상반된 특성을 구현하는 방법이다. 앞서 언급한 비행기 착륙장치의 예시가 이에 해당한다. 착륙장치는 필요할 때만 내려오고, 필요하지 않을 때는 기체 내부로 접혀 들어간다.
- **공간적 분리** : 공간적 분리는 서로 다른 위치에서 상반된 특성을 구현하는 방법이다. 예를 들어, 자동차 범퍼는 외부는 단단하게, 내부는 충격을 흡수할 수 있도록 부드럽게 설계된다.
- **조건적 분리** : 조건적 분리는 서로 다른 조건에서 상반된 특성을 구현하는 방법이다. 스마트 소재가 대표적인 예시로, 환경 조건에 따라 특성이 변화한다.

현대사회의 복잡한 문제들은 단순한 기술적 해결이나 타협으로는 해결할 수 없다. 이는 변증법적 사고와 트리즈의 원리를 결합한 총체적 접근이 필요한 이유이다.

▌지속가능성의 모순

환경보호와 경제발전이라는 모순적 요구는 현대사회의 핵심적 과제이다. 이는 다음과 같은 방식으로 접근할 수 있다.

- **시스템적 사고** : 개별 요소가 아닌 전체 시스템의 관점에서 문제를 바라본다.
- **자원의 재정의** : 폐기물을 새로운 자원으로 재정의하는 순환경제의 관점을 도입한다.
- **기술혁신의 방향** : 이상성의 원리에 따라 환경 영향은 최소화하고 경제적 가치는 최대화하는 방향으로 발전한다.

5.

미래를 위한
변증법적 혁신

변증법적 사고와 트리즈의 결합은 단순한 문제 해결을 넘어 미래 사회의 혁신을 위한 중요한 프레임워크를 제공한다. 이는 다음과 같은 의미를 갖는다.

- **창의적 사고의 체계화** : 혁신은 더 이상 우연한 영감에 의존하지 않고, 체계적인 방법론을 통해 달성될 수 있다.
- **지속가능한 발전** : 모순의 해결은 단기적 타협이 아닌 장기적 관점의 근본적 해결을 지향한다.
- **집단 지성의 활용** : 변증법적 사고는 다양한 관점의 통합을 통한 새로운 해결책 도출을 가능하게 한다.

모순은 발전의 원동력이며, 이를 해결하는 과정에서 진정한 혁신이 이루어진다. 변증법적 사고와 트리즈의 원리는 이러한 혁신의 과정을 체계화하고 가속화하는 도구가 된다. 미래사회의 복잡한 도전과제들을 해결하기 위해서는 이러한 통합적 접근이 더욱 중요해질 것이다.

결론

AX/DX 시대의 도래와 사고의 전환

기술이 발전할수록 우리의 삶과 일하는 방식은 급격하게 변화하고 있다. 4차 산업혁명과 함께 인공지능, 빅데이터, 클라우드, 사물인터넷 등의 기술이 등장하면서 디지털 전환_{Digital Transformation, DX}이 가속화되었고, 동시에 사용자 경험과 AI를 결합한 AX_{Artificial Intelligence eXperience} 시대가 열렸다.

지금까지는 새로운 기술을 도입하는 것이 경쟁력을 유지하는 핵심 요소였지만 이제는 기술 도입을 넘어, 기술을 활용하는 사고방식의 변화와 혁신적인 문제 해결 접근법이 더욱 중요한 시대가 되었다. 단순한 기술 변화가 아니라, 조직과 개인의 사고방식과 문제 해결 방식이 근본적으로 변화해야 하는 시대이다.

오늘날 기업이 마주하는 문제는 △지속적으로 변화하는 시장 환경, △급증하는 데이터와 이를 활용하는 기술적 역량, △점점 더 복잡해지는 고객의 기대와 요구사항, △빠르게 변화하는 기술에 맞춰 기존 시스템을 개선해야 하는 압박 등 단순하지 않다.

이러한 환경 속에서 과거의 방식대로 문제를 해결하려 하면 오히려 더 많은 혼란과 비효율을 초래할 수 있다. 따라서 기존의 사고방식을 탈피하고, 디지털 혁신에 맞는 새로운 문제 해결 접근법을 도입하는 것이 필수적이다.

그렇다면, AX/DX 시대에는 어떤 사고방식이 필요할까? 기존의 선형적 사고방식에서 벗어나, 보다 유연하고 창의적인 사고를 바탕으로 한 문제 해결 능력이 요구된다. 이러한 변화의 흐름을 이해하기 위해 우리가 가져야 할 핵심적인 사고방식들을 정리해보자.

▌AX/DX 시대를 위한 필수 사고방식

○ 데이터 기반 사고Data-Driven Thinking : 객관적 사실에 기반한 의사결정

과거에는 경험과 직관이 중요한 의사결정 도구였다. 하지만 AX/DX 시대에서는 데이터가 곧 경쟁력이 된다. 데이터 분석을 통해 객관적인 사실을 기반으로 의사결정을 해야 한다. 정량적인 지표를 활용하여 문제를 분석하고, 인사이트를 도출하는 능력이 필수적이다. 실시간 데이터를 활용해 빠르고 정확한 판단을 내릴 수 있어야 한다.

예를 들어, 과거에는 제품 개발 과정에서 고객 설문조사와 감각적인 판단을 활용했다면, 이제는 고객의 행동 패턴을 실시간으로 분석하고, 데이터 기반의 의사결정을 통해 최적화된 제품과 서비스를 제공하는 방식으로 변화하고 있다.

○ 시스템 사고_{System Thinking} : 복잡한 문제를 전체적으로 이해하는 능력

오늘날의 문제는 단순히 한 가지 요소로 설명될 수 없다. 하나의 변수가 다른 요소에 영향을 미치며, 시스템 전체가 복잡하게 연결되어 있다. 개별적인 문제가 아닌, 시스템 전체의 구조를 고려해야 한다. 문제의 근본 원인을 파악하고, 장기적인 해결책을 마련하는 것이 중요하다. 다양한 요소 간의 상호작용을 고려하는 통합적 사고가 필요하다.

예를 들어, 기업이 단순히 매출 증가만을 목표로 할 경우, 비용 절감에만 집중할 수 있다. 하지만 시스템적으로 보면, 고객만족도가 하락하면 장기적으로 브랜드 가치가 하락하고, 결국 매출이 감소할 수 있다. 즉, 문제를 해결할 때는 시스템 전체를 고려하는 접근이 필요하다.

○ 창의적 사고_{Creative Thinking} : AI가 할 수 없는 인간만의 역량

AI가 발전하면서 단순 반복적인 문제 해결은 점점 자동화되고 있다. 이제 인간이 해야 할 일은 AI가 할 수 없는 창의적 사고를 바탕으로 새로운 해결책을 찾는 것이다. 기존 방식에 얽매이지 않고 새로운 아이디어를 탐색해야 한다. 즉, 다양한 가능성을 고려하고, 혁신적인 해결책을 찾아야 한다. 바로 다학제적_{Interdisciplinary} 접근을 통해 문제를 해결하는 방식이 필요하다. 예를 들어, 자율주행 자동차 개발 과정에서 단순히 센서 기술을 발전시키는 것이 아니라, 인간의 운전 행동을 AI가 학습할 수 있도록 하는 창의적인 접근법이 필요하다.

○ **적응적 사고**_{Adaptive Thinking} **: 변화에 유연하게 대응하는 능력**

기술은 빠르게 발전하고 있으며 조직과 개인은 이에 적응해야 한다. 변화하는 환경 속에서 빠르게 학습하고, 새로운 기술을 익히는 능력이 중요하다. 기존의 방식을 고수하기보다, 새로운 시도를 통해 최적의 해결책을 찾을 수 있어야 한다. 실패를 두려워하지 않고, 지속적인 실험과 개선을 통해 혁신을 만들어 나가야 한다.

AX/DX 시대에서는 더 이상 한 가지 방법이 정답이 될 수 없다. 우리는 유연한 사고를 바탕으로 새로운 해결책을 지속적으로 탐색하고, 변화에 대응할 수 있어야 한다.

▌ 문제 해결의 새로운 접근법 :
Design Thinking, DX-Six Sigma 그리고 TRIZ

AX/DX 시대에서 요구되는 문제 해결 방식은 전통적인 접근법을 뛰어넘어, 데이터와 창의성을 결합한 방식이 되어야 한다.

이를 위해 DX-Six Sigma와 Design Thinking, TRIZ를 핵심 도구로 활용할 수 있다. Design Thinking은 정성적인 문제 해결 방법으로, DX-Six Sigma는 정량적인 문제 해결 방법, TRIZ는 창의적 문제 해결 방법으로, 세 가지 접근을 결합할 때 AX/DX 시대의 복잡한 문제를 효과적으로 해결할 수 있을 것이다.

○ **Design Thinking : 인간 중심의 창의적 문제 해결**

- 고객과 사용자의 입장에서 문제를 바라보는 접근법

- 데이터와 인간의 경험을 결합하여 최적의 솔루션을 도출

- 반복적인 프로토타이핑과 피드백을 통해 최적화된 결과 도출

○ **DX-Six Sigma : 데이터 기반 문제 해결 방법론**

- 전통적인 Six Sigma의 문제 해결 접근법DMAIC과 디지털 기술을 결합한 방법론

- AI와 머신러닝을 활용해 보다 정밀하고 신속한 문제 분석 및 해결 가능

- 지속적인 모니터링과 피드백을 통해 실시간 최적화 가능

○ **TRIZ : 변증법이 발전된 창의적 문제 해결**

- 시스템의 유용한 기능을 극대화하고, 유해한 기능을 최소화하여 최적의 해결책 도출

- 기존의 해결 방식에서 서로 충돌하는 속성기술적 모순, 물리적 모순을 극복하는 전략 도출

- 시스템의 비효율적인 부분을 분석하고, 새로운 형태로 진화하여 지속적인 문제 해결과 혁신 실행

▎근원적인 질문을 던지는 능력

AX/DX 시대는 단순히 기존 문제를 해결하는 차원을 넘어서, 더 깊은 수준에서 문제를 바라보고 근원적인 질문을 던질 수 있어야 한다.

기술이 빠르게 발전하는 시대일수록 우리는 문제 해결에 앞서 "해결하려는 문제가 정말로 올바른 문제인가?", "기존의 방식이 아니라 새로운 방식으로 접근할 수는 없는가?"와 같은 근원적인 질문을 던질 수 있어야 한다. 과거에는 해결책을 찾는 것이 문제 해결의 핵심이었다면, 이제는 문제 자체를 올바르게 정의하는 것이 혁신의 시작점이 되고 있다. 문제를 해결하기 위한 시작의 질문은 다음과 같다.

- 우리가 해결하려는 문제는 정말 해결할 가치가 있는가?
- 기존의 접근 방식이 최선인가, 아니면 새로운 방식이 필요한가?
- 문제의 근본 원인은 무엇이며, 이 문제는 어디에서 기인하는가?

예를 들어, 한 기업이 매출 감소 문제를 해결하려고 한다고 가정하자. 일반적으로 매출을 늘리는 방법을 고민하겠지만, 근원적인 질문을 던진다면 "우리의 고객이 정말 원하는 것은 무엇인가?", "단순히 가격 문제인가, 아니면 서비스 경험의 문제인가?" 등의 더 깊은 문제를 탐색할 수 있다. 이런 근원적 사고를 통해 단순한 매출 증가 전략이 아닌 고객경험을 개선하는 혁신적인 접근 방식이 도출될 수도 있다.

▌문제 해결을 위한 근본적인 사고 변화

기존의 문제 해결 방식은 대체로 주어진 문제를 해결하는데 집중했다. 하지만 이제는 문제를 해결하는 것만큼이나, 문제 자체를 올바르게 정의하는 과정이 중요하다.

- **기존의 문제 해결 방식** : 문제를 발견하면 즉시 해결책을 찾는다.
- **새로운 문제 해결 방식** : 먼저 문제의 본질을 깊이 탐구하고, 문제를 다시 정의한 후 해결책을 모색한다.

▌문제 해결의 새로운 패러다임 : 질문과 사고의 융합

AX/DX 시대에는 문제 해결을 위해 단순한 정답을 찾기보다, 문제를 올바르게 정의하고, 근원적인 질문을 통해 사고를 확장하는 능력이 더욱 중요해지고 있다. 이를 위해 필요한 사고방식은 다음과 같다.

- **비판적 사고**Critical Thinking :
  기존의 가정과 관점을 의심하고, 새로운 시각으로 문제를 보는 능력
- **창의적 사고**Creative Thinking :
  기존의 틀을 벗어나 혁신적인 해결책을 모색하는 사고방식
- **융합적 사고**Integrative Thinking :
  다양한 관점과 학문을 결합하여 문제를 해결하는 능력

기술이 발전할수록 인간의 사고력과 문제 해결 능력은 더욱 중요해진다. AI와 데이터가 제공하는 정보를 활용하되, 기계가 대신할 수 없는 창의적 사고와 근본적인 문제 정의 능력을 갖추는 것이 디지털 혁신 시대를 살아가는 핵심 역량이 될 것이다.

　AX/DX 시대를 맞아 우리는 더 깊이 있는 사고를 통해 문제를 바라보고, 근원적인 질문을 던질 수 있어야 한다. 단순한 문제 해결 능력을 넘어, 새로운 문제를 정의하고 창조적으로 해결할 수 있는 사고력을 갖춘다면, 우리는 급변하는 시대 속에서도 지속가능한 성장과 혁신을 이끌어낼 수 있을 것이다.

▮ 참고문헌

McKinsey.(2024). Digital Transformation Report.
Gartner.(2024). Analysis on Traditional Mindsets in Digital Age.
Deloitte.(2024). Digital Mindset Survey.
BCG.(2024). Insights on Organizational Change Management in Digital Era.
MIT Digital Leadership Center.(2024). Key Steps for Successful Mindset Shifts.

출처 : McKinsey 'Digital Transformation Report 2024'

조사기간 : 2023년 1~12월

표본 : 글로벌 2000대 기업(표본 크기 : n=2,000)

측정 방법 : 목표 대비 80% 이상 달성을 성공으로 정의

주요 수치 : 전체 성공률 30%, 디지털 성숙도 상위 기업군 45%

- 2023년 연간 데이터 + 2024년 1월 업데이트
- 디지털 전환 성공률 32%
- 글로벌 2000대 기업 대상

출처 : Gartner 'Strategic Technology Trends 2024'

조사시점 : 2023년 3분기

표본 : 글로벌 기업 CIO/CTO(표본 크기 : n=1,500)

측정 방법 : 구조화된 설문조사

주요 수치 : 2025년까지 75%가 AI 업무 프로세스 통합 예정

출처 : Microsoft 'Copilot Impact Study 2024'

조사기간 : 2023년 6~12월

표본 : Copilot 도입 기업(표본 크기 : n=500)

측정 방법 : 작업 완료 시간 및 산출물 품질 평가

주요 수치 : 생산성 37% 향상

출처 : Deloitte 'AI Implementation Framework 2024'

조사기간 : 2023년 9~12월

표본 : AI 도입 완료 기업(표본 크기 : n=850)

측정 방법 : 의사결정 속도/정확도 비교 분석

주요 수치 : 의사결정 속도 60% 향상 / 의사결정 정확도 45% 개선

출처 : BCG 'Digital Employee Experience Survey 2024'

조사기간 : 2023년 7~11월

표본 : 디지털 전환 진행 기업 임직원(표본 크기 : n=15,000)

측정 방법 : 5점 척도 설문조사

주요 수치 : 직원 만족도 35% 증가 / 디지털 도구 적응도 95%

출처 : IDC 'Industry Digital Transformation Index 2024'

조사기간 : 2023년 전체

표본 : 글로벌 주요 산업별 기업(표본 크기 : n=3,500)

측정 방법 : 복합 지표 분석(ROI, 생산성, 고객만족도 등)

주요 수치 :

· 제조업 – 스마트 팩토리 도입시 생산성 45% 향상

· 금융업 – AI 리스크 관리 정확도 85% 달성

· 의료업 – AI 진단 정확도 95% 달성